Stefanie Laura'Adjana

Du mutige Seele!

Stefanie Laura'Adjana

Du mutige Seele!

Die Suche nach der wahren Liebe

Trainerverlag

Imprint
Any brand names and product names mentioned in this book are subject to trademark, brand or patent protection and are trademarks or registered trademarks of their respective holders. The use of brand names, product names, common names, trade names, product descriptions etc. even without a particular marking in this work is in no way to be construed to mean that such names may be regarded as unrestricted in respect of trademark and brand protection legislation and could thus be used by anyone.

Cover image: www.ingimage.com

Publisher:
Der Trainerverlag
is a trademark of
Dodo Books Indian Ocean Ltd. and OmniScriptum S.R.L publishing group

120 High Road, East Finchley, London, N2 9ED, United Kingdom
Str. Armeneasca 28/1, office 1, Chisinau MD-2012, Republic of Moldova, Europe
Managing Directors: Ieva Konstantinova, Victoria Ursu
info@omniscriptum.com

Printed at: see last page
ISBN: 978-3-8417-5111-9

Inhaltsverzeichnis

Hallo Du mutige Seele!

Ich freue mich, dass Dich dieses Buch gefunden hat.
Während ich das hier gerade schreibe, viele Monate bevor Du diese Seiten liest, stelle ich mir vor, wie Du dieses Buch JETZT gerade in Deinen Händen hältst.

So lächle ich, während ich diese Wörter auf meinem Tablet tippe, denn ich sehe Dich gerade in meiner Vorstellung, wie Du jetzt gerade, während ich hier noch schreibe, genau jetzt, mit Deinen Augen die Buchstaben erfasst und jetzt, spätestens JETZT, so wie ich, lächelst.

Und so lächeln wir gerade gemeinsam.

Und dieser Moment, wo wir beide lächeln, zusammen, zu unterschiedlichen Zeiten und doch jeweils im Hier und Jetzt, verbindet uns.

Dieses Lächeln entspringt einem Gefühl.
Einem ganz ehrlichen Gefühl.

Diese wahrhaftige Ehrlichkeit, die einen entspannten, friedlichen Zustand auslöst. Einen Zustand, den man auch mit den Worten „Frieden" oder „Freiheit" beschreiben könnte.

Doch ich sage „Liebe" dazu.

Dafür schreibe ich dieses Buch.
Für die Liebe und für Dich, Du mutige Seele.

An'Anasha
Deine Stefanie Laura'Adjana

Einleitung

Ich erlaube mir, Dich in diesem Buch direkt anzusprechen.
Da Du mir keine persönliche Erlaubnis erteilen kannst, gehe ich davon aus, dass es für Dich in Ordnung ist. So schreibe ich dieses Buch so, wie wenn es nur für Dich ganz alleine geschrieben worden wäre und spreche Dich mit dem „Du" an, so wie ich es tue, wenn ich einem Freund oder einer Freundin schreibe.

Mein Anspruch an mich und an dieses Buch ist es, Dich mit meinen Worten so ganzheitlich wie möglich zu erreichen und Dich dort abzuholen, wo Du abgeholt werden möchtest. So werde ich Dir anhand meiner eigenen Geschichte, sowie meiner eigenen Erfahrungen und Erkenntnisse, Impulse zukommen lassen. Impulse, die Dich vielleicht berühren, eventuell sogar aufwühlen werden und die Dich dabei unterstützen, Deine eigenen Erkenntnisse zu erweitern.

In den letzten Jahren hat sich global Vieles verändert. Vielleicht auch in Deinem persönlichen Leben. Der ganze Planet mit all seinen Bewohnern ist in ständiger Veränderung und nichts bleibt, wie es ist. Doch subjektiv betrachtet erscheint es sich schneller und intensiver zu wandeln als je zuvor.

Viele Menschen mussten erkennen, dass das Leben, welches sie bisher gelebt haben, nicht mehr stimmig für sie ist. Manche Menschen haben das früher erkannt, manche etwas später, manche erkennen es gerade erst jetzt. Einige Menschen wurden zuerst sehr unglücklich oder mussten schwere Schicksalsschläge durchleben, um sich darüber bewusst zu werden, dass sie eine Kurskorrektur vornehmen müssen. Viele wurden und werden in tiefe persönliche Prozesse geschleudert, die so ziemlich alles infrage stellen, woran sie bisher geglaubt und festgehalten haben.

So erging es auch mir vor einigen Jahren.
Ich lebte ein geordnetes und zufriedenes Leben. Als Ehefrau und Mutter von drei Kindern, eingebunden in einen intensiven Alltag und neo-landwirtschaftlichem Aussteiger Öko-Betrieb. Mein Leben war reichhaltig an Betätigungsfeldern und ich hatte bis dahin wirklich gut gelebt und viele Dinge gelernt und erfahren. Soweit ich mich selbst

wahrnehmen konnte, beschrieb ich mich selbst als zufrieden und doch war da dieser innere Ruf, den ich erfolgreich mit Projekten und noch mehr Arbeit retuschieren konnte. Ich hörte wohl nicht auf diese innere Stimme, die mich aufforderte, mein Bewusstsein zu erweitern.

So brauchte ich eine externe Hilfe in Form einer intensiven Begegnung. Eine Begegnung, die meine Seele Akupunktur Nadel genau erschütterte und nahezu mein gesamtes System zu Fall brachte.

Der Weckruf

Zu jener Zeit verstand ich nicht, was all das sollte und auch nicht wohin mich diese Erkenntnisse bringen würden. Gar keinen Plan hatte ich, als ich plötzlich erkannte, dass ich in meinem Leben nicht mehr glücklich war. Weder in meiner Ehe noch in meinem Beruf noch mit mir selber.

Diese klare Erkenntnis kam sozusagen über Nacht.

Zuerst wehrte ich mich gegen die aufkommende Klarheit und erklärte sie mir mit hormonellen Störungen oder vorübergehenden Fluchtmechanismen. Ich suchte Ärzte und Therapeuten auf, suchte sogar Antworten bei einer Astrologin und Energetikerin. Ich versuchte mir die „Flausen" auszutreiben, doch der Ruf war mittlerweile so laut geworden, dass auch mein Körper rebellierte und mich regelrecht dazu zwang, mich von meinen bisherigen „ICH-Modellen" zu verabschieden.

Ich hatte mir über die Jahre ein stabiles Lebenskonstrukt aufgebaut. Ein scheinbar wunderbares Leben, in dem mir eigentlich an nichts fehlte. Eine Scheidung kam in meinem Lebensmodell nicht vor, das war nur etwas für Versager und Versagerinnen, so dachte ich. Scheidung ist etwas für Menschen, die unüberlegt geheiratet hatten, oder nicht bereit waren an ihren Herausforderungen zu wachsen. Ich hatte sehr starre und enge Bilder und Glaubenssätze vom scheinbar richtigen Leben. Mein Selbstbild war gefüllt mit Normen und Standardisierungen, die ich, ohne sie je zu hinterfragen, lebte.

Ich bemerkte gar nicht wie leer es in mir war und wie oberflächlich ich lebte, als mit einem Schlag die Fassade bröckelte und ein Teil von mir zu Tage kam, den ich lange Zeit gut versteckt hatte. Dieser Teil war so gut verborgen, dass ich ihn vergessen hatte.

Abgetrennt von meinem Bewusstsein, lebte dieser Teil in einem versperrten goldenen Käfig und obwohl er schrie wie ein verwahrlostes Kleinkind, schaffte ich es diese Schreie lange Zeit zu überhören.

In meiner Geschichte brauchte es den Weckruf in Form eines menschlichen „Erweckers". Ein anderer Mann und eine intensiv romantische Begegnung, ein Sprungbrett aus meiner Ehe. Ohne ihn wäre ich damals wohl nicht aus meinem selbstgeschaffenen Käfig gelangt.
Sein Erscheinen unterstützte mich in meinem Mut und gab mir den nötigen Leichtsinn, um eine radikale Veränderung vorzunehmen, die all meine staubigen Glaubensmodelle sprengte. Er war der Impulsgeber, der Seelenbeauftragte, der mir mithilfe seiner Liebe die Motivation gab, den gut versteckten goldenen Schlüssel zu finden, um mich selbst aus dem Käfig zu befreien.

Zu der damaligen Zeit, mit meinem damaligen Bewusstsein, musste alles ganz schnell gehen. Ich musste aus meiner Ehe springen, oder flüchten, denn meine Selbstzweifel waren groß. So nahm ich all meinen Mut zusammen und;
sprang. Ohne Wenn und Aber.
Töricht und wahrscheinlich viel zu abrupt.
Doch so war es genau richtig für mich, anders hätte ich es damals nicht gekonnt.
War es leicht?
Nein!
Habe ich es jemals bereut?
Nicht eine einzige Sekunde!

Der wunderbar romantische Mann, den ich ab nun „Morello" nennen werde, hatte nur einen kurzen Auftritt auf meiner Lebensbühne. Nachdem ich die ersten sicheren Schritte in meinem neuen Leben gegangen war, verabschiedete er sich auch schon wieder. So schnell wie Morello gekommen war, war er auch schon wieder weg, doch was er damit in Gang setzte, war der Beginn einer Reise, die mein Bewusstsein dehnte und mich auf einen Weg brachte, ohne den dieses Buch nie entstanden wäre.

Tiefer Schmerz und die Suche nach Antworten

Ich nehme an, dass Dir etwas Ähnliches widerfahren ist wie mir, sonst hättest Du nicht zu diesem Buch gegriffen. So gehe ich davon aus, dass Du, so wie ich auch, nach Antworten gesucht hast, oder noch auf der Suche danach bist.
Von mir wirst Du keine Antworten auf Deine Fragen bekommen, aber vielleicht findest Du mithilfe meiner Geschichte Deine Antworten in Dir. Es gibt nicht DIE EINE absolute Wahrheit. Ich kann Dir auch nicht sagen, was für Dich richtig oder falsch ist. Aber ich weiß und traue Dir zu, dass Du es herausfinden wirst, so wie ich es herausgefunden habe.

Als mich Morello verließ, stürzte in mir alles zusammen.
Ich übertreibe nicht, wenn ich schreibe, dass ich dachte, ich hätte mit ihm die Liebe verloren. Tiefe Ohnmacht dehnte sich in mir aus. Ich verstand nicht. „Wie konnte Das sein?", fragte ich mich. Ich brauchte Antworten und suchte sie, vielleicht so wie Du, in Publikationen und im World-wide-web.

Lass uns an dieser Stelle kurz anhalten.
Innehalten sozusagen.
Ich werde Dich in diesem Buch öfters dazu ermutigen, einem bestimmten Gedanken, Gefühl oder Zustand in Dir Raum zu geben.

„Wie hast Du Deinen Weckruf erlebt? Fühle und erinnere Dich ein paar Momente an Deine Erlebnisse, schließe die Augen und lege das Buch kurz zur Seite...schenke dir ein paar Minuten des Innehaltens und erlaube Dir, Deinen Erinnerungen Raum zu geben. Bleibe dabei in einer beobachtenden Haltung. Fühle und spüre, aber lass Dich von Deinen Gefühlen nicht verschlingen. Schenke Dir und Deiner Geschichte diese Zeit und gib diesen Erfahrungen einen Platz in Deiner vergangenen Biographie. Wenn es Dir nahe geht ist das vollkommen in Ordnung, wenn Du merkst, dass es Dir zu nahe geht, öffne die Augen und beende diese Übung bewusst. Du kannst sie jederzeit erneut machen. "

Das Konzept der Dualseelen

Ich werde in diesem Buch nicht auf die verschiedenen Konzepte eingehen, jedoch möchte ich trotzdem diese Bezeichnungen verwenden. Sie sind Teil meiner Geschichte und haben mir dabei geholfen, meine Wahrheit über die Liebe zu finden.
Eigentlich wollte ich in meinem Buch darüber kein Wort verlieren. Eigentlich. Doch wäre es nicht richtig diesen Teil auszuklammern, denn dieses Konzept war maßgeblich daran beteiligt, mich zu dem Menschen werden zu lassen, der ich heute bin. Somit gehört es zu mir dazu, auch wenn ich heute der Überzeugung bin, dass man von der Dualseelen-Lehre nie etwas gehört oder gelesen haben muss, um die wahre Liebe zu finden. Ich gehe sogar noch weiter und behaupte, dass dieses Konzept einem länger in Illusionen gefangen hält, als es notwendig wäre. Doch was ist schon notwendig, könnte man fragen. Hauptsache die Not wendet sich und das tat sie, doch zuvor musste ich noch tiefer eintauchen.

Nachdem ich von diesem besonderen Mann, plötzlich verlassen wurde, stürzte alles in sich zusammen. Es war mehr als eine Katastrophe von der man sich nach ein paar Wochen erholt hat. Es erfasste mich von Kopf bis Fuß und schleuderte mich tief hinab in Emotionen und Zustände, die ich vor langer Zeit erfahren und verdrängt hatte.
Das wohl vorherrschende, erste heftige Gefühl war eine intensive Hilflosigkeit. Morello, der mich, wie er sagte, liebte und intensiv begehrte, brach unsere Verbindung plötzlich ab. Ich fand heraus, dass er seit Jahren seine Homosexualität zu verdrängen versuchte und er Frauen liebte, aber Männer mehr.
Durch unsere Verbindung wurde sein Geheimnis sichtbar, niemand wusste es, bis auf seinen heimlichen Geliebten, den er als Freund und WG-Bewohner benannte.

Sollte ich mich in der Liebe so geirrt haben? Waren seine Gefühle und Zärtlichkeiten gespielt? War es die Taktik eines krankhaften Narzissten oder gab es eine andere Erklärung dafür?

Ich war komplett verwirrt und mein Verstand ratterte eifrig.
Die tiefe Ohnmacht erstickte mich. Ich fühlte mich betrogen, hilflos und absolut machtlos. Ich konnte an dieser Situation nichts ändern. Ich wehrte mich gegen die Tatsachen und Fakten und unternahm erbärmliche Überredungsversuche. Ich verbog mich und suchte

den Fehler bei mir. Ich verlor jegliche Kontrolle und wehrte mich gegen den unerträglichen Zustand der Hilflosigkeit. Ich wollte Morello wiederhaben und konnte nicht akzeptieren, dass er nun Männer liebt. Er hatte eine langjährige Ehe mit einer Frau hinter sich und war Vater einer halbwüchsigen Tochter. Wenn er mich ansah, spürte ich seine Liebe und ich fühlte diese Verbindung zwischen uns. Es war wie ein Rausch, ein Liebeswahn und;
ich war mir sicher, er würde seine Liebe zu mir nur verdrängen, sich mir entziehen, aus Angst vor der tiefen Liebe. Ich suchte nach Erklärungen und fand ein Konzept, auf welches meine Erlebnisse zu hundert Prozent zutrafen.

Ich weiß heute gar nicht mehr genau, wie ich auf das Konzept der Dualseelen gekommen war. Ich glaube sogar, dass dieser Mann mich darauf brachte, als er im Rausch unserer kurzen Liebe diese Bezeichnung für unsere Beziehung verwendete.
Auf alle Fälle ging ich der Dualseelen Idee nach und war begeistert davon.

Wie romantisch und magisch die Geschichte klang, gefiel mir. Die geheimnisvolle Welt der dualen Seelen, die sich vor Äonen trennten und sich durch mehrere Inkarnationszyklen getrennt voneinander weiterentwickelten. Bis zu dem Tag X, an dem sie sich wieder begegnen, erkennen, lieben und miteinander verschmelzen.
So musste es wahr sein, war ich mir sicher. Ich fühlte, dass es wahr war und nichts in mir zweifelte damals daran.
So konnte ich meine Ohnmacht und Verlustangst gut kontrollieren. Ich musste sie nicht ganz so sehr fühlen, denn ich war mir ja sicher, dieser Mann würde wiederkommen, würde er sich doch nur seine Liebe zu mir, seiner verlorenen Hälfte, eingestehen.

In meiner Inspiration verfasste ich Texte und reflektierte meinen Schmerz und meine Traurigkeit. Dies tat ich auf Facebook und es kümmerte mich nicht, wer aus meinen Kontakten mitlesen konnte. Ich schrieb jeden Tag über das Thema der Dualseelen und erreichte damit hunderte Menschen im deutschsprachigen Raum, die so wie ich, an dieses Konzept glaubten. Als ich bemerkte, dass auch meine Nachbarn Facebook nutzten und sie, wie viele andere Menschen, die mich persönlich kannten, meine Texte verfolgten, gründete ich eine geschlossene Facebook-Gruppe für Menschen im sogenannten „Dualseelenprozess".

Ich war absolut überzeugt von diesem Konzept und glaubte fest an die untrennbare Liebe dieser einzigartigen Seelenhälften. So taten es andere auch und folgten mir und meinen Texten. Nach kurzer Zeit war meine Facebook-Gruppe zu einer Gemeinschaft herangewachsen und gemeinsam ermutigten wir uns und teilten unsere Erlebnisse und Erkenntnisse.

Vielleicht hattest Du auch eine Begegnung mit einem Gegenüber, den Du schier zufällig kennenlerntest und der Dich emotional so tief berührte, dass Du diesen Moment niemals vergessen wirst.

„Dieses Aufeinandertreffen gestaltet sich anders, als Deine bisherigen Begegnungen und Du spürst eine enorme Anziehungskraft, die begleitet ist von einem unsagbaren Glücksgefühl. Diese unfassbar intensiven Gefühle, die sich in allen Zellen von Dir ausbreiten, kann der Verstand nicht fassen. Er findet keine kognitive Erklärung dafür. So muss es wohl etwas Unerklärbares sein, etwas, was Du bis dahin noch nie erlebt hast und da es sich so magisch und einzigartig erlebt, ist es bestimmt etwas besonders Besonderes.“

So erleben und beschreiben es viele Betroffene und auch wenn die Geschichten sich in den Details unterscheiden, werden diese besonderen und magischen Zustände ähnlich wahrgenommen.

Es kann jeden Menschen betreffen, unabhängig von Alter, Geschlecht, Herkunft, Religion und sexueller Orientierung.

Ich erinnere mich daran, dass mich dieser eine Augenblick so tief berührte, dass ich in diesem Moment keinen klaren Gedanken denken konnte. Ich fühlte tiefen Frieden in mir, wie wenn ich nach einer anstrengenden Reise endlich zu Hause angekommen wäre.
Innerlich zitterte ich, als würden all meine Zellen vibrieren. Es fühlte sich an, wie wenn ich von innen heraus leuchtete und auch mein Gegenüber erschien mir funkelnder als jeder andere Mann, den ich zuvor kennengelernt hatte. Da war diese Idee, dass man einander schon ewig kannte, man sich wiedergefunden hatte und sich etwas zusammenfügt, was lange Zeit getrennt war.

So oder ähnlich wirst Du es wohl auch erlebt haben.

Es bleibt unvergessen und abgespeichert auf Deiner inneren Festplatte.

Doch ganz gleich wie besonders und magisch dieses Treffen und die Zeit danach war, Morello blieb in der Ferne. Egal mit welcher Taktik und welchen Überredungskünsten ich ihn konfrontierte, er kam nicht mehr wieder. Anfänglich stützte ich mich noch auf das Dualseelenkonzept, welches besagt, dass man das Gegenüber loslassen müsse und seine eigenen Schmerzthemen heilen sollte. Dass dann die duale Seele ganz von selbst zurückkäme, nach ihrer eigenen Transformationsreise.

So widmete ich mich meinem Ohnmachtsgefühl und war ganz entschlossen, so schnell wie möglich alle Widerstände in mir aufzulösen, die einer Vereinigung von Morello und mir im Wege stehen.

Über den letzten Satz muss ich heute liebevoll schmunzeln.
Ich erinnere mich, wie entschlossen und willensstark ich war. Ich arbeitete intensiv an mir und dem Thema meiner erlebten Schwäche und der gefühlten Handlungsunfähigkeit. Ich wollte das alles nur schnell erledigen, fertig sein, am Ziel ankommen.
Wollte tun und sein, wie es das Dualseelenkonzept vorgab. Ich zweifelte keine Minute an der Wahrheit des Konzeptes und wusste, dass, wenn ich nur alles in mir heile, Morello zurückkommen würde.

Ich lernte viel in dieser Zeit, gestärkt vom tiefen Glauben an die „Reunion" mit meiner Dualseele. So machte ich Aus- und Weiterbildungen aller Art und besorgte mir etliche Bücher zu diesem Konzept. Ich besuchte Seminare zum „Inneren Kind" und anderen psychologischen Themen und hatte wöchentliche Termine bei einem Coach. Ich löste mich Stück für Stück von dem ohnmächtigen Zustand und der Angst, machtlos zu sein.

In meiner Facebook-Gruppe schrieb ich unermüdlich über meinen Weg. Erzählte von meinen Erfahrungen und Ausbildungen. Ich inspirierte die Gruppenmitglieder und motivierte sie weiterzugehen. Wir alle kannten unsere Geschichten und gemeinsam reflektierten wir unsere Erlebnisse. Die Gruppe war wie eine Familie, bei der wir Halt fanden. Wir unterstützten einander und sprachen uns Mut zu. Alles was ich Neues gelernt hatte, oder erkannt hatte, schrieb ich nieder. Die Zahl der Mitglieder wuchs heran und immer mehr Menschen gesellten sich hinzu. Eines vereinte uns alle und das war der Glaube an die Dualseelenliebe und der tiefe Wunsch nach einer gelebten und glücklichen Partnerschaft.

Die Monate waren vergangen und ich war beschäftigter denn je. Immer mehr Menschen lasen die Texte über meine persönliche Entwicklung, meinen Reflexionen und inneren Erkenntnissen.
Doch in meiner Liebesbeziehung hatte sich nichts geändert. Morello kam nicht zurück, noch machte er den Anschein dies irgendwann tun zu wollen. Er schrieb mir immer mal wieder, ein, zwei Zeilen. Textnachrichten, die frech und dreist waren und die mir damals eindringlich zeigten, dass es sich hier um eine eher toxische Verbindung handelt als um Liebe. Aber ich glaubte weiter und erklärte mir all die Toxizität mit dem Konzept, an dem ich festhielt, als hänge mein Leben daran.

Doch dann geschah etwas absolut Unerwartetes, was das Konzept der Dualseelen in mir zum Wackeln brachte.

Der unbekannte Bekannte

Zu meiner Facebook-Gemeinschaft zählten damals um die 300 Mitglieder. Manche von ihnen waren eher stille MitleserInnen, andere waren ähnlich aktiv mit dem Schreiben, wie ich. So waren manche Mitglieder einem vertrauter als andere.
In meiner Gruppe waren weit mehr weibliche Mitglieder als männliche, doch die Männer, die da waren, waren durchwegs aktive Schreiber.
Einer von ihnen schrieb besonders einfühlsame Kommentare und war mit seinen Inputs eine große Unterstützung für die Gruppe. Wir kannten uns alle nicht persönlich und doch waren wir einander recht vertraut.

Eines Tages, schrieb mich dieser Mann, den ich „Amado" nennen möchte, privat an und bat mich um ein Coaching. Ich hatte bereits viele Menschen prozessgeleitend unterstützt, nachdem ich, einige Monate zuvor, mein Gewerbe als „Energetikerin" angemeldet hatte. Es war also nicht ungewöhnlich für mich, dass mich jemand persönlich kontaktierte, dass Amado das Gespräch nicht, wie üblich per Telefon wollte, sondern mich bei mir zu Hause besuchen wollte, verwirrte mich.

Ich hatte damals noch keine Praxis und war unsicher wie und ob ich das machen möchte. Ich fühlte mich irgendwie nicht gut dabei und vertröstete ihn auf einen Termin einige Wochen später.

Erstaunlicherweise spürte Amado mein Unbehagen und fragte mich, ob es mir guttäte, wenn wir vor unserem Treffen telefonieren würden, damit ich ihn zumindest schon gehört hätte, bevor er zu mir nach Österreich kommt.
Ich stimmte zu und aus einem geplant kurzen Telefonat, wurde ein stundenlanges, sehr angenehmes Gespräch.
Wir verstanden uns auf Anhieb so gut, dass wir nahezu täglich miteinander telefonierten. Unsere Kommunikation war frei fließend, wir fühlten uns über die Ferne unglaublich verbunden und erkannten, dass wir erstaunlich ähnlich gestrickt waren. Ich freute mich bereits den ganzen Tag auf unsere Telefonate und als unser Termin zeitlich näher rückte, wussten wir beide, dass sein Besuch ein privater sein wird, denn das Coaching hatte sich nach unseren abendlichen Gesprächen bereits erübrigt.

Ich freute mich auf den unbekannten Bekannten, doch am Tag unseres Treffens, war ich mir nicht mehr so sicher, ob das eine gute Idee war.
Ich wusste nicht, was mich erwartete und doch wusste ich es irgendwie. Ich fühlte mich belebt, freudig, unsicher und ängstlich zugleich.

Mister Wonderful

Es war kein Erlebnis was ich bis dato kannte.
Das, was ich in meiner vorherigen Begegnung mit Morello schilderte, war nichts dagegen.
Es war so neu und gleichzeitig so vertraut und als sein Auto über die Pflastersteine meiner Einfahrt rollte, hüpfte mein Herz vor lauter Glück.

Als Amado vor meinem Haus parkte, stand ich im Portal meines Hauses. Ich konnte in der Reflektion der Windschutzscheibe sein Gesicht nicht erkennen, aber er konnte mich gut sehen. Als er seine Autotür öffnete und ich zum ersten Mal sein Gesicht sah, welches mich breit anlächelte, blieb die Zeit in mir stehen.

Was in den folgenden Minuten geschah, kann ich nur ansatzweise nachvollziehbar wiedergeben, denn die vorherrschenden Gefühle und Wahrnehmungen in mir waren so überwältigend, dass kein Wort ausreicht, um dem Erlebten gerecht zu werden.

Ich nahm ein tiefes Erinnern auf allen Ebenen, zur selben Zeit, wahr.

Innere Bilder flitzten durch mein System, schneller als ich sie denken konnte. Mein Verstand begriff nichts und doch war da dieses unendliche Wohlgefühl und diese ewige Vertrautheit. Ich fühlte tiefe Freude und Erleichterung.

„Er ist zurück!", hörte ich mich innerlich sagen, „endlich ist er nach Hause gekommen!"

Amado war mittlerweile wortlos die Treppen zu meiner Haustür hochgestiegen, stand vor mir und strahlte mir ins Gesicht. „Da bin ich endlich.", sagte er sanft und berührte zärtlich meine Wangen.

Ich konnte es nicht verstehen. Da stand ein nahezu fremder Mann vor mir, den ich niemals zuvor gesehen hatte und es fühlte sich an, als kennen wir uns ewig.

In dieser gedanklichen Unklarheit fühlte ich leuchtende Emotionen.

Wir kennen uns schon ewig, wussten wir beide und nichts wird uns jemals wieder trennen. Wir fühlten nur Liebe, sonst nichts. Zeit und Raum verblassten, und es schien als würde unser Aufeinandertreffen ein Leuchtfeuer entfachen, in dem wir verschmelzen und uns zu Leuchtpartikeln auflösen.

Ich kann mich nicht mehr erinnern, wie lange wir zusammen im Vorraum standen, bis ich Amado fragte, ob er nach der langen Autofahrt einen Kaffee trinken möchte.

Die kommenden Stunden verbrachten wir in meiner Wohnküche und wir redeten und staunten und lächelten. Endlich, wurde unsere tiefe Leere und lebenslange Sehnsucht gestillt. Wir verloren uns im Leuchten des jeweils anderen und wir wussten, wir gehören zusammen.

Wenn Du Ähnliches erleben durftest, bedarf es an dieser Stelle keiner weiterer Ausführungen, Du fühlst ganz genau was ich meine. Weitere Details nehmen dem Augenblick die Magie und ich weiß, dass wenn Du Dich nun angesprochen fühlst, Du diese Magie erleben durftest, auf Deine ganz persönliche Art und Weise.

Amado blieb über Nacht und obwohl wir uns innerlich aneinander verzehrten, kam es nicht zum körperlichen Akt. Jeder Wimpernschlag dieser zeitlosen Zeit war mit Liebe und Zuneigung getränkt. Wir tranken die Liebe wie hungrige Wölfe und sättigten unsere traurigen Seelen mit dem Leuchten des jeweils anderen.

„Ich komme bald wieder!“, flüsterte er mir zum Abschied zu.
Wir küssten und umarmten uns innig, bevor er wieder zurück nach Deutschland fuhr.

Nach dieser Begegnung war ich sehr verwirrt. So verwirrt wie nach einem tiefen Schlaf, aus dem man unsanft wachgerüttelt wurde und man nicht weiß, ob man wach ist oder immer noch träumt.

Als mein Verstand wieder richtig aktiv war, wurde es laut in meinem Kopf. „Was war DAS?“, hörte ich mich selbst fragen. „Wenn Morello meine Dualseele sein soll, was ist dann DAS?“ Ich dachte komplett verrückt zu werden und erneut suchte ich Erklärungen zu meinem Erlebnis. Ich dachte, Morello wäre meine große Liebe, doch das, was ich mit Amado erlebt habe, war hundertmal, nein tausendmal größer. Noch immer betrunken von dem Erlebten, rief ich eine Freundin an. Ich musste das mit einem Menschen teilen, der das was ich erlebt hatte eventuell verstehen konnte.

Nicci war eine richtig gute Freundin von mir. Sie lebte in Deutschland und ging, so wie ich durch einen Prozess der Distanzliebe. Damals nannten wir es noch Dualseelenprozess, heute benutze ich diese Bezeichnung schon lange nicht mehr.
Nachdem ich meiner Freundin die Erlebnisse mit Amado erzählte und von meiner Unsicherheit sprach, meinte sie ganz belustigt von meinen Erzählungen:
„Na dann muss Amado wohl Deine Twinflame sein.“

Zwillingsseelen und Twinflames

„Twinflame? Zwillingsflamme?“, antwortete ich.

Und mein Verstand kombinierte und erkannte, dass Nicci wohl recht haben würde. Denn da wusste ich von noch einem anderen Liebeskonzept, in dem sich getrennte Seelen wiederfinden und ohne große Widerstände zusammenkommen und die „heilige Liebe“ erfahren und leben. Man sagt, die Zwillingsseele trifft man, nachdem man seine Dualseele losgelassen hatte und lebt mit diesem Menschen die auf Erden größtmögliche Liebe. Das Konzept besagt außerdem, dass dieses Erlebnis nur jene Seelen haben, die in ihrer Bewusstwerdung bereits sehr vorangeschritten sind.

Mein Verstand und meine Identifizierungen liebten diese Wahrheit.

Ja natürlich, Amado muss meine Twinflame sein und ich seine.

Wir gehören zusammen und werden die tollste und wundervollste Liebe erleben. Er wird sich von seiner Ehefrau scheiden lassen, seiner heimlichen Affaire und Dualseele, wegen der er in meine Online-Selbsthilfegruppe kam, entfliehen und zu mir nach Österreich kommen. Ganz klar, dachte ich.

So liebevoll und entschlossen er sich zeigte, gab es keinen Zweifel in mir, noch einen logischen Gedanken, der mich aus diesem Traum befreien hätte können.

Ich träumte und es war der wundervollste Traum.

Ich erlebte eine Phase, in der sich jeder Tag anfühlte wie das Aufblühen einer lang herbeigesehnten Blumenwiese. Berauscht und beflügelt von den süßesten Düften in mir. Ich war damals davon überzeugt, dass jetzt der schönste Teil meines Lebens beginnt.

Ich erinnere mich noch sehr gut an diese Zeit.

Obwohl meine Lebensumstände alles andere als angenehm waren, war ich im Rausch meiner höchsten Glücksgefühle. Ich fühlte mich wie Dornröschen, die gerade von ihrem Prinzen wachgeküsst wurde und ganz so falsch waren meine inneren Bilder dazu auch nicht.

Ich war ganz sicher, dass dieser Mensch und wundervolle Mann, mein Mann sein werde. Unsere Begegnung war so einzigartig und magisch und unbeschreiblich grenzenlos, dass Amado doch niemand geringerer sein kann als der Mann, mit dem ich mein restliches Leben verbringen würde. Der Mann und Mensch der zu mir gehört, untrennbar und ewiglich.
Es folgten Tage der Sehnsucht, die zu Wochen und Monaten wurden. Sehnsucht wie ich sie zuvor noch nicht erlebt hatte.

Da uns hunderte Kilometer trennten, liebten wir einander durch unsere Worte. In tausenden Textnachrichten und hunderten abendlichen Telefonaten, packten wir unsere Zuneigung und egal wie weit wir geographisch voneinander getrennt waren, fühlten wir uns dem anderen gegenüber näher als in jeder Beziehung davor.
Niemals zuvor hatte ich so geliebt und niemals zuvor war ich so voller tiefer Sehnsucht, dachte ich.

Es war eine rosarote Zeit, in der ich mich so glücklich fühlte wie noch nie zuvor. Getragen von einer Welle der Liebe, voller Freude und Zuversicht. Ich fühlte mich romantisch-pubertär und mit meinem heutigen Bewusstsein und Wissen, hätte ich daran schon erkennen können, worum es eigentlich geht.

Ich sehnte den Tag herbei, an dem ich Amado wiedersehen würde und träumte die schönsten Träume unserer gemeinsamen Zukunft. Es war mein geträumtes Märchen von Tausend und einer Nacht. Mein persönlicher Rosamund Pilcher Roman.

Ich ahnte ja nicht was folgen würde, schon gar nicht, dass dies der Beginn eines Prozesses war, der meine inneren Strukturen auf den Kopf stellen würden. Ich hatte keine Ahnung, worum es wirklich ging. Stattdessen nährte ich mich an meinen Träumen und Wünschen und kreierte Visionen, in denen ich zusammen mit Amado, mein Leben verbringen würde.
An dieser Stelle enden die herkömmlichen Romantikfilme. Bevor der „Happy End" Schriftzug auf der Kinoleinwand erscheint.
Doch diese Geschichte, die du vielleicht ähnlich erlebt hast, ist kein Märchen. Es sind Wirklichkeitsgeschichten. Geschichten, die nicht weniger wundervoll und romantisch sind, jedoch wirklich sein müssen, bevor sie happy enden können.

In diesem Zustand war ich alles andere als wirklich. Ich schwebte wie ein Luftballon zu Wolke 7 und merkte nicht wie mir nach und nach die Luft ausging.

Denn der Mann meiner Begierde tat nicht wie ich es mir erträumte und verhielt sich anders als es mein Wunsch-Drehbuch vorgesehen hatte.

An dieser Stelle bemerkte ich erstmalig, dass irgendetwas nicht stimmen könne. So hatte ich mir die wahre Liebe nicht ausgemalt. „Warum kommt er nicht wieder?", fragte ich mich und nicht nur mich, sondern natürlich auch ihn.

Die ersten Wochen, als ich noch auf der Blümchenwiese tanzte, war ich noch geduldig und raspelte Süßholz. Doch als die Sehnsucht und das Vermissen immer lauter wurden, änderte sich mein Verhalten stündlich und aus der ehemaligen Blumenwiese wurde ein Sumpf der Traurigkeit.

Die Verlustangst

Die Phase, die nun folgte, war ein stündliches Wechselbad der Gefühle. Ich fühlte mich wie ein launischer Teenager. Bedürftig und elendiglich war diese Zeit und auch wenn ich heute diese Gefühle nicht mehr nachfühlen kann, kann ich mich doch noch gut daran erinnern. Hätte ich zu diesem Zeitpunkt einen Psychotherapeuten aufgesucht, wäre die Diagnose „Borderliner" absolut zutreffend gewesen. Ich war damals vollkommen eingetaucht in die Rolle der emotional Instabilen, die keine Kontrolle über ihre Gefühle hatte.

Die leichte Liebe, die ich die Wochen zuvor erlebt hatte, war verschwunden.

Stattdessen fühlte ich ein Gefühl, welches sich dunkel und schwer auf meine Brust legte. Es trübte mein Gemüt, meine Freude war vergangen und eine große Traurigkeit überkam mich.

Nie zuvor hatte ich so viel geweint. Bis heute meine ich damals den Meeresspiegel angehoben zu haben. An manchen Tagen waren meine Augen so verquollen, dass ich nur mit Sonnenbrillen außer Haus ging, auch wenn der Himmel voller Wolken hing. Elendiglich fühlte ich mich.

Dementsprechend kratzbürstig war meine Grundstimmung, gefolgt von melancholischen und melodramatischen Phasen. Eine sehr sensible und dramatische Zeit, in der ich mich wund und schutzlos fühlte.

Meine Kinder, die viele dieser Wechselbäder live miterlebten, waren mittlerweile daran gewohnt stündlich eine andere Mutter zu erleben. Meine emotionalen Zustände vor ihnen zu verstecken war nicht mehr möglich und dir, du mutige Seele, möchte ich an dieser Stelle vorweg schon mal sagen, dass du dir, wenn du Ähnliches erlebst weniger Gedanken um die Spätfolgen deiner Kinder machen musst, als um das was gerade in dir abläuft. An dieser Stelle brauchst Du Hilfe und Begleitung.

Das Gefühl, welches sich zeigte, war tiefste Verlustangst. An diese Angst waren viele weitere Gefühle und Zustände geknüpft. Natürlich etliche frühkindlichen Erfahrungen und übernommene Programme, deren Intensität ich zuvor nicht kennengelernt hatte. Aus mir entstieg ein Teil, den ich allzu gerne vertuscht und versteckt hätte. Doch diese Taktik funktionierte nicht. Zu groß war der Schmerz, der mich durchfuhr, umhüllte und gefangen hielt. Wehen artige Ausbrüche der tiefen Trauer überkamen mich.

Mein Gegenüber, dem ich an dieser Stelle meinen Dank ausdrücken möchte, ließ sich auch durch mein größtes und tiefstes Flehen nicht erweichen und blieb konstant in weiter Ferne. Was natürlich meinen Schmerz immer mehr verstärkte und meine Laune dunkler färbte.

Es war eine wirklich dunkle Phase. Tiefschwarz war sie.

Wenn Du diese Phase gerade durchlebst, dann möchte ich Dir jetzt sagen, dass Du nicht alleine bist. Auch möchte ich Dir sagen, dass das, was Du gerade durchmachst, bestimmt die aller schmerzhafteste Episode dieser Reise ist, auch wenn es erst der Beginn Deines Weges in die Liebe ist.
Solltest Du Dich gerade auf dieser Etappe des Weges befinden, empfehle ich Dir nochmal, Dir Unterstützung zu suchen. Denn in Deinem privaten Umfeld wirst Du kaum einen Menschen finden, der Dich wirklich verstehen kann. Du selbst kannst Dich ja nicht

mal verstehen. Unterstütze Dich mit einem professionellen Begleiter, der Dir kurzfristig die Stabilität gibt, die Du aktuell selbst nicht hast.

Mein Zustand war unerträglich. Wie einen Mantel wollte ich diese Traurigkeit abstreifen. Wollte das einfach nur weghaben. Ich beobachtete mich in meinen Zuständen und zweifelte an meiner Zurechnungsfähigkeit. Ich hatte suchtartige Trennungsschmerzen, Angst nun ganz verloren und hilflos zu sein und zugleich spürte ich Wut und Aggression in mir.
Würde mein Prinz doch nur einfach wieder zurückkommen, wäre mein Schmerz vorbei, meinte ich. Doch der Prinz kam nicht, weder mit noch ohne Pferd. Nur in Nachrichten oder Telefonaten beteuerte er seine Liebe und versicherte mir die Wahrhaftigkeit seiner Worte.

Ich weiß nicht, ob Du, so wie ich damals, auf den Zug der Dual-oder Zwillingsseelen aufgesprungen bist. Wenn nicht, dann mach lieber einen großen Bogen um dieses Konzept, denn Du ersparst Dir eine Menge. Solltest Du begeistert sein von diesem Märchen, so begeistert wie ich es war, wirst Du eine Weile dran festhängen und dann ist das genauso ein Teil Deiner Erfahrung. Das geschieht wohl nicht ohne Grund.

Als mein Leiden kaum mehr auszuhalten war, suchte ich mir Hilfe bei einem Coach. Ich musste wohl da weitermachen, wo ich mit Morello aufgehört hatte, erkannte ich.

Zu dem damaligen Zeitpunkt war ich, trotz tiefster Gefühle, von meinen Gedanken bestimmt. Mein Verstand und mein innerer Märchenerzähler waren drauf und dran diese „Challenge" zu lösen um das, was ich so sehr wollte, die wahre Liebe, zu bekommen. Wenn ich heute auf mich zurückblicke, fühle ich Mitgefühl und schmunzle der Steffi von damals liebevoll zu. So voller Abenteuer und Entdeckergeist bin ich an die Sache rangegangen, niemand konnte mich aufhalten diesen Weg zu gehen.

Meinem Coach, der im Laufe einiger Jahre nicht nur mein Coach, sondern auch mein Lehrer und Mentor wurde, danke ich an dieser Stelle. Er ist maßgeblich an meiner Weiterentwicklung beteiligt gewesen und hat mich mitfühlend und wohlwollend durch eine sehr instabile Lebensphase begleitet.

Ich erinnere mich noch als er mich mitfühlend ansah, als ich ihm die Dualseelen Story erzählte. Damals wusste ich noch nicht, in welcher Illusion ich lebte und dachte mir, dass er so eine magische Begegnung nicht verstehen könne. Doch war mir bewusst, dass er mir dabei helfen konnte die Verlustangst zu besiegen und wenn ich besiegen schreibe, dann ahnt ihr schon in welcher Grundstimmung ich damals zu Hause war.

Natürlich wusste ich damals nicht, dass man eine Angst nicht besiegen kann, sondern sie integrieren darf und solltest Du so wie ich damals ein Krieger oder eine Kämpferin sein, dann lasse ich dich jetzt schon wissen, dass du deine Schwerter im weiteren Verlauf dieses Buches ablegen darfst.

Es folgten monatelange Einzelsitzungen in denen mein Coach und ich, sowohl in Gesprächen als auch in Übungen das Thema ergründeten. Und so durfte ich Winkel meiner Seele kennenlernen, die mich tief berührten.
In meiner schlimmsten Phase suchte ich dreimal die Woche nach seiner Unterstützung. Ich suchte Antworten und buchte Gespräche bei sogenannten „Dualseelen- Coaches", die ich im World Wide Web finden konnte. Ich wandte mich sogar an einen Astrologen, eine Schamanin und besuchte Seminare und systemische Aufstellungen.

Bitte glaube nicht, dass das notwendig ist. Ich möchte nicht, dass Du glaubst das alles ebenso tun zu müssen. Dies war mein Weg, der für mich richtig war, um die zu werden, die ich heute bin. Ich folgte meinem Ruf und war getrieben von Impulsen, die wichtig waren um, unter anderem, jetzt dieses Buch zu schreiben.

Ich lernte, dass alle Gefühle, die ich fühlen und wahrnehmen kann nur deshalb fühlbar sind, weil sie zuvor schon in mir vorhanden waren. Also erkannte ich, dass meine unendliche Verlustangst nur aus meinen kindlichen Erfahrungen stammen kann, als ich achtjährig meinen Papa verlor. Er war der erste Mann in meinem Leben, meine erste große Liebe zu einem Mann. Ich war seine Prinzessin und er war der König meiner Kindheit. Als der König das Leben der Prinzessin verließ erfuhr ich erstmalig was trauern bedeutet und wie sich Verlust anfühlt. Obwohl ich in meinen Zwanzigern dieses Thema mit vielen Familienaufstellen bearbeitet hatte und dachte jegliche Trauer wäre vorei, zeigte mir mein Leben, dass die Verlustangst unberührt war und ich sie Jahrzehnte lang gut verdrängen konnte.

Du musst keinen Elternteil verloren haben, um Verlustangst fühlen zu können. Diese Angst ist eine Urangst vieler Menschen und hat ihren Ursprung nicht nur in der eigenen Kindheit. Ein gesundes Maß an Verlustangst ist ganz normal und gehört zum Menschsein dazu, wenn Du jedoch darunter leidest und dieses Leid sich unverhältnismäßig schwer anfühlt, gibt es Dir Hinweis darauf, dass Du Dich diesem Thema in Dir widmen darfst.

Die Verlustangst, die ich fühlte, war eine intensive existenzielle Angst. Wie wenn ich vom Tod bedroht würde. Die zusätzlichen Gefühle der absoluten Abhängigkeit und Hilflosigkeit zeigten mir, dass sie aus meiner Kindheit stammen müssen, einer Zeit, in der jeder Mensch hilflos und abhängig ist von seinen Bezugspersonen. Die Erfahrungen meiner Kindheit waren wie die Narbe einer alten unversorgten Wunde in meinem System verankert und nun wollten diese schlecht verheilte Wunde versorgt werden. Von mir, der erwachsenen Steffi, der einzigen Person, die sich nun darum kümmern konnte.

Die Angst ist eine Grundemotion, die zusammen mit anderen Gefühlen erfahren wird. Sie verbindet sich zum Beispiel mit dem Gefühl der Hilflosigkeit oder der Ohnmacht, oder anderen Gefühlen, welche wiederum verbunden sein können mit inneren Bildern, Gedanken und Körperzuständen. Angst ist also ein intensives Gefühl, welches nie alleine kommt.

Um meine Verlustangst besser erfassen zu können, beschloss ich ihr einen Namen zu geben. Ich wusste damals nicht, dass diese Technik in vielen therapeutischen Schulen schon lange angewandt wird, um einen besseren Zugang zu seinen abgespaltenen inneren Anteilen zu bekommen. Ich kam damals einfach auf die Idee es zu tun und so nannte ich meine Angst „Lady of loss".
Ich weiß nicht, wie ich auf diesen historisch klingenden Namen kam. Er gefiel mir und so blieb ich dabei.

Jede Emotion, die Du fühlen kannst, ist ein Teil von Dir. Sie gehört zu Dir und Deinen Erfahrungen. Gefühle begleiten Dich vielleicht zusammen mit Gedanken, körperlichen Symptomen und Zustände, die Dir vielleicht sehr unangenehm sind und die Du eigentlich so schnell wie möglich weghaben möchtest.

Umso mehr Du sie weghaben möchtest, desto mehr Widerstand baut sich in Dir auf. Den Widerstand aufrecht zu halten, benötigt viel Kraft und es ist anstrengend. So entwickeln wir unbewusste Strategien, die uns dabei unterstützen, diese Gefühle weniger fühlen zu müssen. Oft haben wir diese Strategien als Kind gelernt. Damals haben wir uns geschützt, weil es für uns als Kind nicht möglich gewesen wäre, diese Erfahrungen zu verarbeiten. Wenn ein Kind intensive Emotionen erlebt und diese nicht zuordnen und verstehen kann, wird es Schutzmechanismen entwickeln, die diese überwältigenden Emotionen abschwächen. Was damals als Schutzfunktion absolut wichtig und richtig war, möchte nun gesehen und anerkannt werden.

Die Angst und auch alle anderen Emotionen sind also nicht umsonst da und auch nicht aus böser Absicht. Sie sind Teil Deiner individuellen Geschichte und solange Du sie weghaben willst, werden sie sich Dir aufdrängen und sich größer machen, bis Du Dich ihnen zuwendest.

Jede Emotion und sei sie noch so unerträglich, hat sinnvolle Geschenke für Dich. Ressourcen und dienliche Attribute, von denen Du bis jetzt ebenfalls abgespalten warst.

Als ich meiner Verlustangst erstmalig einen Namen gab, fragte ich mich wie sie wohl aussehen würde, wenn sie in menschlicher Gestalt vor mir stünde. Meine Fantasie und Vorstellungskraft halfen mir dabei ein inneres Bild von dieser Emotion zu kreieren. „Lady of loss" stand verschleiert vor mir. Sie hatte ihren Kopf gesenkt. Mager war sie und ausgezehrt.

Eine erbärmliche Gestalt, dachte ich.

In meiner Vorstellung sah sie mich nicht an. Sie blickte zu Boden, doch ihr Körper war mir zugewandt. Mir gruselte ein wenig vor ihr und es benötigte etwas Disziplin diese Vorstellung nicht gleich wieder abzubrechen. So konzentrierte ich mich auf meine inneren Bilder und stellte mir weitere Details vor. Ich sah eine kleine Person mit hängenden Schultern. Sie wirkte abwesend, fast apathisch und doch sehr präsent.

Es war schwer die Fantasie aufrecht zu halten. Banale Gedanken schlichen sich ein und wollten mich ablenken. Schutzmanöver aus der Kindheit, die ich unbewusst immer angewandt hatte, wenn ich Angst hatte verlassen zu werden. Diesmal erfuhr ich dies jedoch bewusst und erkannte, dass die Angst eigentlich gar nicht so schlimm ist, wenn man sie näher betrachtet.

So sah ich sie weiter an und überredete mich ihre Anwesenheit auszuhalten. Ich trat in Kontakt mit ihr, mit diesem Gefühl, was schwer auf meiner Brust saß. Ich erinnerte mich immer wieder daran, sanft und tief zu atmen. Das Gefühl zu fühlen, da sein zu lassen und bewusst auszuatmen, so wie ich es gelernt hatte.

Wellenartig bauten sich die unangenehmen Gefühle auf, erreichten eine Gefühlsspitze und mit dem Ausatmen flachten sie wieder ab. Immer wieder wiederholte ich diesen Vorgang. Ich widmete ich mich dem Gefühl und übte mich darin, das Gefühl nur wahrzunehmen, ohne darin zu ertrinken.

„Lady of loss" wurde mit jedem meiner Atemzüge sanfter bis sie schließlich den Kopf erhob und mich ansah. Da sah ich gütige, braune Augen und ein schmales Gesicht. Sie lächelte mich liebevoll an und das berührte mich tief.

Immer wieder, viele Wochen lang suchte mich „Lady of loss" auf. Immer dann, wenn mich erneut die tiefe Verlustangst überkam, stellte ich mir vor, dass sie neben mir steht.

Mit jedem Mal wurde das Gefühl der Verlustangst leichter und Lady of loss wurde liebevoller und schöner. Durch die Aufmerksamkeit, die ich ihr gab, erschien sie mir weicher und sanfter. Obwohl sie immer noch die Gestalt meiner Verlustangst war, war die Angst vor dieser Angst verschwunden. Ich konnte sie mehr und mehr als einen sehr liebenswerten und wohlwollenden Teil von mir erkennen und ihre Anwesenheit irritierte mich nicht mehr. Diese Gestaltübung machte ich meistens abends, wenn meine Kinder schliefen und ich mich ganz auf diese Übung einlassen konnte. Wenn es mal vorkam, dass tagsüber die Angst des Verlassenwerdens aufkam, konnte ich ganz bewusst dieses Gefühl auf später vertrösten. Dazu nutzte ich bewusste Strategien, die es mir möglich machten, das Gefühl zu regulieren. Gleichzeitig ging ich in einen kurzen inneren Dialog und sagte zu „Lady of loss": „Jetzt geht es gerade nicht, ich kümmere mich später um Dich!"

Doch einige Male gelangt es mir nicht regulativ einzugreifen. Ich erinnere mich an eine Situation, als der Rauchfangkehrer kam und ich mit Sonnenbrillen meine Tränen zu verdecken versuchte. Er wird wohl an einen Todesfall in meiner Familie gedacht haben, als er mich so sah.

Ich schreibe Dir das, weil ich Dir damit nochmal zeigen will, dass Du nicht alleine bist und dass dieser Prozess heilsam ist, auch wenn Du in dieser Phase immer noch nicht verstehen kannst, wozu das alles gut sein kann.

Nachdem ich mich immer wieder um meine Verlustangst gekümmert hatte und sie mit jeder bewussten Kontaktaufnahme feiner, sanfter und liebevoller wurde, kam der Tag, an dem sie sich von mir verabschiedete. Ich erkannte es daran, weil ich sie nicht mehr gut fühlen konnte. Die Verlustangst war verschwunden. Ich konnte weder das Gefühl erzeugen noch die dazugehörigen Gedanken abrufen. Heute weiß ich, dass ich diesen abgelehnten und abgetrennten Anteil von mir wieder integrieren konnte. Damals dachte ich, ich hätte ihn aufgelöst. Was blieb war ein Gefühl von Frieden. Eine entspannte Leichtigkeit die sich in mir ausdehnte.

Der Druck auf meiner Brust war verschwunden und das Geschenk, welches sie mir dagelassen hatte, waren Gefühle der Zuversicht und des Vertrauens.

<u>Übung:</u>

„Mache es Dir gemütlich und setze oder lege Dich so entspannt wie möglich hin. Fühle Deine Verlustangst, gehe in Kontakt mit ihr. Fühle die Angst in Deinem Körper und nimm die Stelle in Deinem Körper wahr. Lege Deine Hand auf diesen Teil Deines Körpers. Fühle das Gefühl und die dazugehörige Körperstelle, doch achte darauf, dass Du nicht im Gefühl versinkst. Fühle und nimm das Gefühl wahr, doch falle nicht hinein in den Schmerz. Lass die Gedanken und Bilder hochkommen, die dieses Gefühl begleiten, doch denke nicht bewusst weiter zu einem Gedanken-Karussell. Nimm wahr was ist, ohne das, was sich Dir zeigt zu dramatisieren oder zu leugnen. Atme so ruhig und tonlos, wie es Dir möglich ist. Fühle und nimm wahr und schweife nicht ab. Bewerte die Gefühle nicht. Bewerte auch Deine Gedanken nicht. Nimm nur wahr was ist und halte so gut es geht den Fokus. Atme. Fühle und erkenne, nimm an, atme und lass das Gefühl ziehen. Wiederhole diese Übung bis sich das Gefühl auflöst. Kehrt der Zustand zurück, wiederhole die Übung erneut.“

Die Verlustangst in eine jener großen Ängste, die nahezu jeder Mensch, den ich als Coach begleiten durfte, begegnet. Sie wird gerne als einer der Ur-Ängste bezeichnet, die wir Menschen annehmen und integrieren dürfen. Es ist ganz normal Angst zu haben. Angst ist eine menschliche Emotion, mit der wir schon geboren werden. Sie schützt uns vor gefährlichen Situationen. Die Emotion der Angst ist somit, wie alle anderen Emotionen auch, ein Werkzeug, welches Du brauchst, um Dich als Mensch wahrnehmen zu können. Jedes Gefühl hat einen guten Sinn und darf da sein, wenn die Situation dazu passt. Hast Du jedoch emotionale Zustände, die unverhältnismäßig groß sind oder zu stark und intensiv erlebt werden und Du darunter leidest, weißt Du jetzt, dass Du Dir das genauer anschauen darfst.

Wenn Du an dieser Stelle den Eindruck bekommst vor einem unüberwindbaren Bergmassiv zu stehen, empfehle ich Dir tief durchzuatmen. Du bist nicht alleine! Auch wenn es Tage gibt, an denen Du meinst, alles sei aus und vorbei. Du hast alles, was Du brauchst in Dir. Ich helfe Dir Dich daran zu erinnern.
Du mutige Seele!

Die Angst vor Ablehnung & die Wut

Nachdem die erste große Transformations-Schwelle überschritten ist, in meinem Fall war es die große Verlustangst, folgt meistens eine kurze Entspannungsphase. Mit kurz meine ich Stunden oder Tage. Ich möchte ganz ehrlich mit Dir sein, dieser Prozess ist kein Zuckerschlecken. Nicht ohne Grund spreche ich Dich mit „Du mutige Seele" an, denn Mut wird ab nun Dein ständiger Begleiter sein.

Auf diesem Weg bleibt kein wackeliger Stein stehen. Es ist ein Weg des Wandels, der Dich verändert und ent-wickelt. Mut ist ein Attribut, welches Du brauchst, um den nächsten Schritt in Deine Veränderung zu gehen.

Mit jedem weiteren Schritt folgst Du den Spuren der Liebe, der Liebe in Dir und somit dem Element, aus dem Du erschaffen wurdest.

In meiner Geschichte ließ das nächste Emotionstief nicht lange auf sich warten. Denn kaum war die Angst zu verlieren integriert, machte sich die Angst vor der Ablehnung breit.

Natürlich musste mir diese Angst zuerst gezeigt werden, denn niemals zuvor wusste ich von diesem Anteil in mir. Ich war seit meiner Kindheit mit einer überproportional großen Selbstsicherheit ausgestattet worden, so dachte ich. Ich war von meiner Familie stets als „wundervoll und liebenswert" bezeichnet worden, zumindest und ich war gedanklich davon überzeugt, grandios und einmalig zu sein. Was mir damals nicht bewusst war, war, dass diese Selbstsicherheit nicht echt war. Sie war nur ein Schein, eine gute Idee und eine weitere kindliche Schutzstrategie. Eigentlich war ich eine höchst unsichere Person. In mir lebte ein großer Selbstzweifel und innerer Kritiker, doch den zeigte ich niemandem, nicht mal mir selbst. Mein Verstand war scharf, wendig und meine Rhetorik war geschult. Ich konnte mich gewählt und klug ausdrücken, hatte immer recht und stets das letzte Wort. Diese Persönlichkeitsstruktur, welche mir stets suggerierte einzigartig und besonders sein, war nur so laut, weil ich große Angst hatte, gar nicht besonders und einzigartig zu sein. Die Psychologie hätte mich wohl als narzisstisch akzentuiert beschrieben und ja, von dieser Perspektive betrachtet hatte ich definitiv Persönlichkeitsstrukturen, die man auch bei einem verdeckten Narzissten findet.

Ich nahm vieles sehr persönlich und bezog Kritik stets auf mein Sein. Wurde eine Handlung oder Leistung von mir kritisiert, fühlte ich mich in meiner Existenz abgelehnt. Schon als Kind wusste ich genau, wie ich zu sein hatte, um gemocht zu werden. So studierte ich diese Rollen und lehnte all jene Facetten in mir ab, die meine Eltern an mir ablehnten. Dies tat ich unbewusst, um mich vor dem Gefühl abgelehnt zu werden zu schützen. Denn Ablehnung bedeutet für ein Kind existentielle Gefahr und die kann ein Kind nicht gut aushalten. So war es dienlich, die gefährdenden Elemente auszublenden und ich wurde ein angepasstes Kind, welches so war wie man es haben wollte. Ich fühlte mich großartig und geliebt und wundervoll.

Niemals zuvor hat mich ein Mann, für den ich Interesse hatte, abgelehnt. Es mangelte mir nie an Verehrern. Ich habe immer bekommen, was ich wollte, daher konnte ich nicht verstehen, warum meine „Verführungskünste" bei diesem Mann nicht wirkten. Schrieb und sagte er doch wie sehr er mich liebte, wie wundervoll ich sei. Doch immer noch änderte sich nichts an der Tatsache, dass der Prinz in weiter Ferne lebte und seiner Frau, immer noch nicht gesagt hatte, dass hinter den sieben Bergen das wunderschöne Schneewittchen wohnt. Vielleicht schmunzelst du nun über meine Wortwahl. Doch glaube nicht, dass ich übertreibe. Zum damaligen Zeitpunkt verstand ich das wirklich nicht. Ich war überzeugt davon die allerbeste Frau für diesen Mann zu sein. Mein Hochmut war nahezu grenzenlos und mein dazugehöriges Ego war eine beeindruckende Gestalt. Dahinter verbarg sich ja auch eine nicht weniger große Angst, sie wurde verdeckt von diesen grandiosen Eminenzen in mir.

Aus dem heutigen Bewusstsein staune ich, wie perfekt mein Gegenüber mir diese Anteile hochkitzeln konnte. Er schaffte es, mich mit der richtigen Dosis am Band zu halten, sodass ich nicht aussteigen konnte aus dieser Distanzbeziehung. Glaube nicht, dass ich mich nicht gerne abgewandt und ihm energetisch den Mittelfinger gezeigt hätte. Nie zuvor hatte ich mich so behandeln lassen, meinte ich. Doch irgendetwas zwang mich, mich mit ihm zu beschäftigen und er fand stets die richtigen Worte, um mich weiter zu vertrösten.

Natürlich unterstützte das Konzept der Dualseelen meinen Zwang, denn immerhin war Amado doch niemand geringerer als meine andere Seelenhälfte. Er war ja nicht irgendein Mann, er war ja MEIN Mann. Ich sah ihn wie mein verlorenes Gegenstück, wie einen heiligen Gral, den ich bekommen müsse, wenn ich nur alles richtig mache.

Ganz gleich wie ich es anstellte, ob mit den süßesten und weiblichsten Überredungskünsten, oder Androhungen unsere Liebe beenden zu wollen, ihn zu vergessen und niemals wieder zu kontaktieren, es nutzte nichts. Er blieb in der Ferne und schrieb mir liebevolle Textnachrichten.

Ich ließ wirklich nichts unversucht. Nichts. Ich habe alle Tricks ausprobiert, alle. Ich habe mich rar gemacht und so getan als wäre ich die Gelassenheit in Person. In Wahrheit saß ich paralysiert vor dem Handy und kontrollierte, ob er online war. Ich bemerkte, dass er sich weniger meldete, wenn ich Druck ausübte, zu viel wollte. Also versuchte ich das Wollen zu unterdrücken. In dieser Zeit habe ich sämtliche Manipulations-Tricks ausprobiert und bin damit kläglich gescheitert. Vielleicht kennst Du diese Zwanghaftigkeit und erkennst Inhalte wieder die Du auch erlebst oder erlebt hast. Es war anstrengend ich zu sein, in dieser zwanghaften Bedürftigkeit.

Nachdem ich versuchte mental einen Zustand der Entspannung zu kreieren, wurde meine Wut immer lauter. Von Tag zu Tag wurde ich wütender und empörter. Bis sich die

Wut unter Druck entlud. Ich erinnere mich noch, als ich das Star-Wars Laserschwert meines Jüngsten holte und schnaubend die Luft bekämpfte. Meine Kinder waren belustigt, endlich weinte Mama nicht mehr, nun war sie dafür stinksauer.

Ich war so wütend.
Soooo wütend!!!
Ich spuckte Gift und Galle. Unglaubliche Wut kroch empor. Die Wut tat gut. Denn sie war in diesem Augenblick authentisch. Ich war die leibhaftige Wut und während ich sie war, beobachtete ich mich.

Obwohl ich wütend war, fühlte ich mich großartig und so erkannte ich erstmalig die lichtvollen Anteile meiner Wut. Denn auch wenn Wut eine meist ungeliebte Emotion ist, beinhaltet sie viele wichtige Ressourcen von Dir. Diese Geschenke sind reichhaltig und voller Kraft. Solange Du Deine Wut weghaben willst, wird sie nicht weniger werden. Ganz im Gegenteil. Sie wird sich aufbäumen und destruktiv wirken, wird sich in Deinem System gegen Dich richten und sich vielleicht sogar in Form von Körpersymptomen manifestieren. Wut ist ebenfalls ein basales Gefühl, eine Emotion, mit der wir bereits geboren werden. Sie schützt uns, indem sie uns vor Gefahren abgrenzt. Die Wut ist also gut, wenn sie als eine hilfreiche Kraft und Motivationsenergie zugänglich ist. Wut erdet und zentriert. Wut ist ein wichtiges Werkzeug, wir Menschen brauchen diese Kraft.
Leider hat die Wut keinen guten Ruf. Oft verbinden wir damit den Ausdruck von Aggression. Doch Wut ist in Wahrheit nur eine starke innere Kraft. Wie wir diese Kraft nutzen oder nicht nutzen, lernen wir in unserer Kindheit. Wird die kindliche Wut von den Eltern toleriert, begleitet und liebevoll reguliert, wird das Kind als Erwachsener keine Schwierigkeiten mit dieser Emotion haben.
Allzu oft lernen Kinder jedoch, dass es schlecht ist wütend zu sein, dass man nicht wütend sein darf und so eine Kraft etwas Böses ist. Anstatt dem Kind zu lehren, wie man diese Kraft kanalisiert und nutzt, lehrt man den Kindern sie abzulehnen. Als Erwachsener haben wir oft keinen Zugang zur Wut, weil zwischen der Emotion und uns etliche Widerstände aufgebaut wurden.

Vielleicht bist Du gerade wütend oder vor Kurzem wütend gewesen. Wenn Du möchtest, kannst Du nun die folgende Übung machen, um selbst zu fühlen, wie gut Deine Wut auf ganz wichtige Attribute von Dir aufpasst.

Vielleicht bist Du auch keine Wutbürgerin oder Wüterich, so wie ich oder erlaubst Dir nicht wütend zu sein. Ich hatte nie Widerstand vor der Wut, denn auf meine innere Kämpferin war ich mächtig stolz.

<u>Übung:</u>

Fühle Deine Wut, trete in Kontakt mit ihr. Kannst Du die Wut in Deinem Körper fühlen? Lokalisiere sie. Fühle sie so intensiv wie nötig, jedoch nicht so viel wie möglich. Lasse Dich nicht von Deiner Wut verschlingen, erlaube ihr jedoch da zu sein. Hast Du sie? Halte nun den Fokus auf dieses Gefühl. Halte es aus. Mach es nicht größer noch kleiner und identifiziere Dich nicht mit diesem Gefühl, das bist NICHT Du, auch wenn es sich so anspürt. Es ist nur ein Anteil von Dir, der endlich gesehen werden möchte.

Was ist in dieser Wut gut? Du findest die Antwort nicht im Kopf, sondern in Deinem Bewusstsein. Also frage Dich erneut: Was ist so gut in der Wut?
Du kannst diese Übung während dem Lesen machen und ich werde Dich dabei unterstützen, die Vorteile darin zu finden. Ich stelle Dir nun ein paar Fragen, gerne kannst Du Deine Antworten gleichzeitig notieren. Wichtig ist, dass Du Ruhe hast und Dich ganz auf Deine Wut einlassen kannst.

Und nun, wenn Du die Wut gut spüren und wahrnehmen kannst, lege den Fokus auf die Vorteile der Wut.

Jetzt, wo Du die Wut fühlst, fühlst Du Dich groß oder klein?
Du wirst feststellen, dass Du Dich größer fühlst.
Fühlst Du Dich im Moment der Wut stark oder schwach?
Du wirst erkennen, dass du dich stärker fühlst.

Bitte halte den Fokus NUR auf die Vorteile, denn natürlich wirst Du Dich auch schwach fühlen oder klein, doch in dieser Übung geht es einzig und alleine darum, das GUTE in der Wut wahrzunehmen.

Fühlst Du Dich in der Wut stabil oder instabil?

Sicher oder unsicher?
Hast Du, während Du so wütend bist, das Gefühl schutzlos zu sein, oder fühlst Du dich geschützt?
Bist Du ein Sieger oder ein Verlierer?
Wütest Du wie eine Feuersbrunst, wie ein Wirbelsturm, wie eine Tsunami oder wie ein Erdbeben? Oder ist es eine Kombination von mehreren Elementen?
In dem Moment der tiefsten Wut, stehst Du zu dir und Deinen Wünschen, oder nicht?
Liebst Du das wofür Du einstehst in Deiner Wut?
Bist Du dynamisch oder starr?
Bist Du mutig oder feig?
Hast Du in diesem Moment Deinen Willen oder bist Du willenlos?
Fühlst Du Dich im Recht oder im Unrecht?
Bist Du in diesem Moment groß und machtvoll?
Fühlst Du Kontrolle und Sicherheit oder fühlst Du Dich unsicher und unkontrolliert?
Bist Du aktiv oder passiv?
Vertraust Du Dir gerade oder nicht?
Sind Deine Gedanken klar oder unklar?

Solltest Du Deine Antworten aufgeschrieben haben, wirst Du erkennen, dass auf Deinem Blatt Papier Wörter stehen wie:

Stabil, sicher, geschützt, Sieger, ich stehe zu meinen Wünschen, ich liebe das was ich will, dynamisch, mutig, Wille, Macht, aktiv, klar usw.
Auch wirst Du mindestens ein Element in deiner Wut gefunden haben.
Erde, Wasser, Feuer oder Luft.

Viele sehr wichtige Attribute, die Deine Wut bisher für Dich sicher verwahrt hat.

Frage Dich:

„Wo und wofür möchte ich all diese schönen Energien leben?"

Aktuell sind sie in der Wut geparkt. Also immer dann, wenn Du wütend bist, fühlst Du Dich stark und sicher usw.
Das ist schade, oder?

Wo wären diese kraftvollen Elemente Deiner Wut für dich besser aufgehoben?
In welchem Zustand würdest Du Dich viel lieber sicher und stark und groß und mächtig fühlen?
Wem würdest Du lieber vertrauen, anstatt der Wut?
In welcher Form möchtest Du gerne einen starken Willen haben, wofür möchtest Du mutig sein?
In welchen Zuständen möchtest Du viel lieber aktiv und lebendig sein?
Wozu könntest Du all diese Gefühle benötigen?
Wofür und wozu?

Was möchtest Du statt deiner Wut?

Diese Antworten darfst Du Dir nun selbst geben, denn Deine Wut ist so individuell wie Du es bist. Ich bin mir sicher, Du wirst etwas finden, wo Du all diese kraftvollen Energien besser brauchen kannst. Zum Beispiel für Deine positive Weiterentwicklung.

Wie schön wäre es, wenn man Stabilität und Kraft in der Gelassenheit oder Ruhe fände, die man dann beruflich nutzen kann? Oder man den Mut für eine Veränderung nutzt. Das wofür man einsteht, in klarer Kommunikation ausdrückt.

Nimm Dir für diese Übung Zeit und erwarte nicht, dass Du niemals wieder Wut verspüren wirst, denn darum geht es gar nicht. Es geht um die Haltung zu Deinen menschlichen Emotionen, nicht darum sie aufzulösen. Emotionen sollen Dir in Deiner Menschlichkeit und Deinem Sein dienen, sie sollen Dich aber nicht lenken.
Der Lenker oder die Lenkerin bist DU:

Wenn Du diese Übung gemacht hast und dadurch erkennen konntest wie viel Gutes in der Wut steckt, hat sich automatisch Deine Einstellung zu Deiner Wut verändert.

Du bist dir selbst gegenüber ein wenig verständnisvoller geworden und hast erkannt, dass die Wut zwar viele unangenehme Gefühle enthält, jedoch gar nicht so böse ist, wie Du vielleicht dachtest.
Sie diente Dir und war notwendig, um all jene Gefühle zu speichern, die der Liebe entspringen.

Denn Kraft, Klarheit, Mut, Lebendigkeit und all die anderen genannten Attribute, sind Formen der Liebe.
Somit erkennst Du, wie viel Liebe in der Wut verborgen war.
Diese Erkenntnis, macht etwas mit Dir.
Was genau sie mit Dir macht weiß ich nicht, doch ist eines der Gefühle, die Du nun fühlen kannst, die Dankbarkeit.

Dankbarkeit ist ein ganz besonderes Wirklichkeitsgefühl, denn es öffnet Türen, die verschlossen erschienen.

So wirst du das nächste Mal, wenn du wütend bist, deiner Wut anders begegnen. Dann wirst du anders mit ihr umgehen und sie nicht mehr versuchen zu unterdrücken. Denke daran, es geht nicht darum Deine Gefühle aufzulösen, es geht nur um die Haltung, die Du zu ihnen hast.
Mit der Zeit wird Deine destruktive Wut immer kleiner werden. Sie wird Dich nach und nach verlassen. Warum? Weil Du all die schönen Wutinhalte nach und nach in anderen Lebenszuständen lebst und dadurch die destruktive Wut an Raum verliert. Du wirst sie somit kaum mehr brauchen und immer weniger, bis Du sie einfach loslässt.

Wenn Du zu jenen Menschen gehörst, die niemals wütend sind oder keinen Zugang zu diesem Gefühl haben, empfehle ich Dir der Sache näher auf den Grund zu gehen. Vielleicht bist Du auch wirklich einfach nicht wütend, hast niemals Grund bekommen dieses Gefühl kennenzulernen. Doch meistens befindet sich die Wut einfach tiefer begraben. Vielleicht durftest Du nie wütend sein. Vielleicht wurde die Wut in Deiner Familie stets unterdrückt. Wut ist eine kraftvolle Energie, vielleicht verbirgt sie sich hinter einem anderen Widerstand oder hinter vielen unbewussten Schutzmechanismen.
Es gibt viele Möglichkeiten, warum Du meinen könntest Du hättest keine Wut. Sei unbesorgt, sollte dies bei Dir der Fall sein, musst Du Deine vergrabene Wut nicht suchen.

Sie kommt dann, wenn Du dafür bereit bist. Deine Seele weiß genau, wann der richtige Zeitpunkt für die Erlösung Deiner destruktiven Emotionen ist.
Meine Wut hat mich oft besucht. Bei fast jeder Ur-Angst stand sie als Wächter davor. Sie war oft meine Einstiegsemotion, hinter der sich die eigentliche Dynamik zeigte.

Als damals meine „Laserschwert Wut" leiser wurde und ich bemerkte, dass der Zorn verflog, spürte ich die Traurigkeit aufsteigen. Die Wut war vorgeschoben, darunter schlummerte der Schmerz der Traurigkeit. Diese Traurigkeit entsprang der Angst, nicht gut genug zu sein, nicht wichtig oder besonders genug zu sein. Die Angst abgelehnt zu werden.

Der nächste Brocken wurde auf die Seelenoberfläche gespült.
Eine immense Traurigkeit überkam mich und schon wieder weinte ich tausend Tränen. Diesmal spürte ich den Schmerz im Oberbauch. Es war jedoch kein drückender Schmerz, sondern ein sich zusammenziehender.

Mein Verstand, verstand nichts. Woher kam diese unermessliche Traurigkeit?
Allzu gerne hätte mein Kopf antworten in der Kindheit gefunden. Fühlte ich mich als Kind abgelehnt und hatte es vergessen? Wurde ich nicht meiner Selbst wegen geliebt?

Meine Kindheit war fröhlich und freudvoll. Obwohl ich meinen Vater früh verlor. Ich erinnerte mich. Da gab es keine vergrabenen Geheimnisse, ich fühlte, dass diese tiefe Traurigkeit nicht nur von mir kommen konnte.

Es fühlte sich riesig an. Viel zu viel Traurigkeit für einen einzigen Menschen. Mein Magen krampfte sich im Rhythmus meines Schluchzens zusammen.
So viele Tränen. Damals half mir mein klarer Verstand, denn er hat stets gut aufgepasst bei allem was ich gelernt habe. Er erinnerte mich an die Zeit als ich 20 war und das systemische Aufstellen erlernte. Ich erinnerte mich daran, dass Gefühle, Muster und Programme oft und gerne generationsübergreifend auftreten. Ungelöste Spannungen sich gerne in einer oder mehreren nachfolgenden Generationen durch den Stammbaum spannen. Man nennt dieses Phänomen auch Transgenerationale Weitergabe oder Übertragung.

Das Gefühl war zu groß, als das es nur von meinen eigenen Erlebnissen kommen konnte. Es fühlte sich an wie die Traurigkeit 100ter Frauen.

Da wegschieben oder wegdrücken keinen Sinn machte, nahm ich diese Traurigkeit an und machte dieselbe Übung, die ich dir schon bei der Verlustangst vorgestellt habe.

Ich schenkte der Emotion meine Aufmerksamkeit, während ich meine Hand, auf die sich zusammenziehende Stelle am Körper legte. Und dann fühlte ich zu der Stelle hin, ganz behutsam und meinem Atem folgend.
Dann tastete ich mich langsam vorwärts und trat in Kontakt mit diesem Teil in mir. Ich schloss diesmal meine Augen, um mich besser fokussieren zu können.

Wie du schon weißt, ist es wichtig dabei nicht in die Emotion einzutauchen. Also nur fühlen, spüren und damit in Kontakt treten. Innere Bilder wahrnehmen, jedoch nicht in Einzelbildern stecken bleiben. Eine Entspannte neutrale Sicht auf das was sich zeigt, ohne es zu leugnen oder es aufzubauschen.

Als ich ganz bei diesem Gefühl dieser Traurigkeit war, die ihren Ursprung einer Angst vor Ablehnung hatte, fantasierte ich wie diese Traurigkeit aussehen könnte.
An diesem Punkt möchte ich dir sagen, dass die Fantasie nicht dasselbe ist wie eine Illusion. Fantasie ist eine höhere Form der Vorstellungskraft. In diesem höheren Bewusstseinsfeld werden auch Ideen kreiert. Es ist ein Feld, welches zu dem Raum des inneren Kindes gehört, einem der Felder, die in uns zirkulieren.

So fokussierte ich mich auf meine Traurigkeit und vor meinem inneren Auge formte sich eine Gestalt. Eine weibliche Gestalt. Sie war ärmlich gekleidet und sie sah sehr heruntergekommen aus. Die Haare waren struppig nach hinten gebunden und ihre Erscheinung erinnerte mich an eine historische Zeit. Sie glich einer Magd oder armen Bauerntochter.
Diese Bilder nennt man übrigens Seelenbilder und was man sieht ist weniger von Bedeutung als das, was man fühlt. Ich fühlte Mitleid mit ihr. Sie sah mich wütend an doch in ihren Augen konnte ich erkennen, dass ihre Wut nur der Schutzmantel war. Eigentlich war sie erschüttert und tief verletzt. Ich wandte mich ihr zu und sagte ihr, dass ich sie sehen kann. Ihre Gesichtszüge veränderten sich und aus ihrer Wut wurde tiefste Traurigkeit. Ich erkannte meine Traurigkeit in ihr und fühlte, dass ich nicht die erste Frau

meiner Familie war, die sich von einem Mann abgelehnt fühlte. Irgendwie verband uns dieses Gefühl, es machte uns zu Leidgenossinnen.
Obwohl sie so traurig war, war sie eine Kämpferin. Tief konnte sie ihr Leid runterdrücken, nur sie wusste um ihre Traurigkeit. Ich war die erste, der sie sich so zeigte.

Ich erzählte ihr, dass ich ihre Traurigkeit genauso fühle und sie Teil von mir wäre. Da machte sie große Augen und schüttelte den Kopf. Sie gab mir zu verstehen, dass meine Traurigkeit meine Sache wäre und ihre Traurigkeit andere Gründe hätte. Ich solle glücklich sein. Da erkannte ich, dass dieser Schmerz gar nicht aus meiner Zeit stammte, wir nur verbunden waren über das System der Frauen meiner Familie.

Meine Traurigkeit war verglichen mit ihrem Schmerz gar nichts. Doch war ich verbunden mit ihrer Angst. Die Angst der Frauen, nicht gut genug zu sein, war in vielen Epochen eine Furcht, ausgetauscht zu werden.
War sie nicht willig wurde sie ersetzt, konnte sie keine Nachkommen gebären, wurde sie ersetzt, war sie keine „gute" Frau wurde sie vertrieben, war sie eine geheimnisvolle Kräuterfrau, wurde sie am Scheiterhaufen verbrannt. Es gab Zeiten, da lebten Frauen so. Da war es das schlimmste von einem Mann nicht gewollt zu werden, denn das bedeutete Schutzlosigkeit. Hauptsache man hatte einen Mann. Für ihn tat man alles, damit der Haussegen nicht schief hing. Man hatte meist viele Kinder und viel zu tun, ohne Mann an der Seite musste Frau schauen, was man anzubieten hat, um einen neuen Mann zu bekommen. Zu vielen Zeiten waren Frauen nur dazu da dem Manne zu dienen, Kinder zu bekommen und zu arbeiten. Individualität gab es nicht.

Diese Frau in meinen inneren Bildern war eine jener Frauen. Sie war ausgetauscht worden und ungewollt, weil sie war wie sie sein wollte. Sie war eine traurige Kämpferin und schlug sich durch ihr Leben. Sie zahlte einen hohen Preis und doch war es ihre Geschichte. Die Geschichte jener Frauen meines Ahnensystems, ohne die ich nicht hier wäre.
Ich verabschiedete mich bei ihr und atmete tief durch. Das war damals eine meiner ersten bewussten inneren Reisen. Zu dem Zeitpunkt ahnte ich noch nicht, wie sehr sie für mich von Bedeutung sein werden.

Nun hatte ich begriffen, dass dieser Zustand nicht meiner war, ich jedoch verbunden war mit jenen Frauen aus meinem Familiensystem. Wie Musketiere standen diese Frauen zusammen, so ganz nach dem Motto: „Eine für alle, alle für eine." Sie glaubten und lebten in der Haltung: „Wenn du individuell sein möchtest, wirst du abgelehnt. Wenn Du so bist wie Du bist, mag Dich niemand."

Reichliche Erkenntnisse hatte ich bekommen und jetzt verstand ich, warum diese immense Wut notwendig war. Sie bot Schutz vor Verletzungen. Zu jenen Zeiten gab es keinen Raum zu trauern. Da gab es keine Möglichkeit der Reflexion, keinen psychologischen Support oder therapeutische Unterstützung. Es gab Vorzeiten, da glaubte man, dass eine Frau, die ein Mädchen gebar, bei schlechter Witterung begattet wurde.

Somit kannst Du Dir vorstellen, wie ungewollt man sich fühlen konnte, wenn man so war wie man war, vor allem wenn man Frau war und dann auch noch anders.

Ja, ich verstand sie und doch verstand ich auch, dass ICH im 21sten Jahrhundert lebe und weder ihre Gefühle noch die Gefühle anderer Vorfahrinnen weiterleben muss. Es war Zeit mich davon zu lösen, also meldete mich bei einem systemischen Aufstellen an.

Bei dieser Aufstellung wurde nicht sichtbar welche Generation vor mir oder welche Frauen es waren, doch war das auch vollkommen unwichtig. Wichtig war, dass die mir nicht-dienlichen Verbindungen gelöst wurden und stattdessen die Ur-weiblichen Attribute des weiblichen Systems begannen zu mir zu fließen. Jede Generation macht ihre eigenen Erfahrungen mit dazugehörigen Gefühlen und Gedanken.
Diese müssen nicht wiederholt werden, nur weil man sich einen Stammbaum teilt. Jedoch ist es wichtig diesen Generationen dankbar zu sein, denn ohne sie wären wir nicht da. Sie haben uns die Möglichkeit gegeben, in einer Welt zu leben die mehr Verständnis und Raum für das Weibliche hat.

Nach diesem Aufstellungstag war das Gefühl, meinetwegen abgelehnt zu werden, verschwunden und kam in dieser Form nie wieder in mein Leben zurück. Meine eigene Traurigkeit, nicht gut genug zu sein und abgelehnt zu werden, war kaum existent gewesen, nur groß genug, um an die des Systems erinnern zu können.

Wenn Du in Deiner Umgebung Zugang zu guter Aufstellungsarbeit hast, ist dies eine gute Methode, um alte und übernommene Spannungen des Systems aufzulösen. Natürlich steht und fällt jede Lösung mit Deiner tiefen Absicht auf Veränderung. Du kannst nur verändern, was Du wirklich verändern willst.

Absicht ist kein rein mentaler Akt. Es ist tiefe Bereitschaft auf Herz-Bauch Ebene, sowie auf Seelenebene. Ein ganzheitlicher Prozess.

Manchmal glauben wir etwas wirklich lösen zu wollen und sind ganz sicher und davon überzeugt. Die Seele gibt jedoch manche erst Themen frei, wenn sie wirklich „reif" sind. Sie überwacht liebevoll, dass keine Muster zu früh losgelassen werden, bevor nicht alle wichtigen Erkenntnisse daraus aufgenommen wurden.

Bei kleinen Themen kannst Du Dir auch selber helfen, sofern du Dich selbst gut fühlen und reflektieren kannst Ein guter Coach oder Therapeut wird erkennt, wie sehr Du wirklich bereit dazu bist etwas zu verändert und wird Dich, sofern Du das möchtest, durch Deine Veränderungsphase begleiten.

Solltest Du bei einem Deiner Themen das Gefühl haben, dass es womöglich Generationen übergreifend gesponnen wurde, lege ich Dir folgende kleine Übung an die Hand. Doch bitte sei achtsam mit Dir und überprüfe für Dich selbst, ob Du Dir diese Übung alleine zutraust. Wenn Du unsicher bist, kontaktiere lieber einen Coach oder Therapeuten.

„In dieser Übung machst Du Dich zuerst vertraut mit dem jeweiligen Gefühlszustand und gehst in Kontakt mit ihm, so wie ich es Dir bereits in der Übung zur Verlustangst beschrieben habe.

Dann, wenn Du in Kontakt getreten bist, rufst Du innerlich jene Person des Familiensystems herbei, die dieses Gefühl erstmalig hatte. Die Person mit der alles begonnen hat. Keine Sorge, Du musst diesen Menschen natürlich nicht kennen. Du brauchst auch kein inneres Bild wahrnehmen. Du kannst dir einfach vorstellen, dass vor Dir nun jene Person steht, deren Emotion du in moderner Form weiterlebst. Nicht weil es Teil Deiner persönlichen Geschichte ist, sondern weil es Teil der Frauen oder Männer vieler Familienmitglieder war. Weil es ein Stammbaum-Thema ist.

Dann nimmst Du Dir am besten ein Kissen oder eine Decke und verbindest Dich erneut mit Deinem Körpergefühl. Du atmest nun bewusst und stellst Dir dabei vor, wie über Deine Handflächen all die Gefühlszustände, die nicht zu Dir gehören und Dir nicht mehr dienen, in Dein Kissen oder Deine Decke einströmen.

Dazu brauchst Du viel Fokus. Atme bewusst durch Deinen Körper, tief und tonlos und atme das Unangenehme aus. Atemzug für Atemzug, bis Du den Eindruck hast, dass Du all die übernommenen und Dir nicht mehr dienlichen Phänomene ausgeatmet hast. Alle Gefühle dieses Ahnen oder dieser Ahnin, alle dazugehörigen Gedanken, Haltungen und Verhaltensweisen. Alle weiteren Dinge die diese Erfahrungen genährt und am Leben gehalten haben.

Dann wendest Du Dich in Deiner Vorstellung dieser Person zu und gehst in eine innere Haltung von Dankbarkeit. Dieser Mensch lebte in einer Zeit, in der alles ganz anders war. Diese Person hatte eigene Erlebnisse die historisch geprägt waren. Sie hatte eine andere Kindheit, ein anderes soziales Umfeld, andere Lernerfahrungen, andere Rechte und Pflichten. Sie kleidete sich anders, sie aß und trank anders. Kurz gesagt: ALLES war anders.
Erkenne, dass unsere Vorfahren, härter, stärker waren als Unsereins. Sie mussten so sein, sie konnten es nicht anders.
Erkenne auch, dass Du diese Emotionen, Glaubensmuster und Programme nicht nachleben musst, damit Du dazugehörst. Du tust niemandem einen Gefallen, wenn du das tust. Ganz im Gegenteil sogar! Denn was meinst Du würden sich Deine Vorfahren von Dir wünschen? Wie würden sie Dich gerne sehen? Würden sie sich nicht freuen, wenn Du es besser hättest als sie? Hätte nicht dann erst ihr Dasein einen nachhaltigen Sinn gemacht?
Begreife, dass Du ohne diesen Menschen nicht hier wärst. Solltest Du Kinder haben, wären auch diese nicht da.
Dieser Vorfahre, diese Vorfahrin lebte eine persönliche Geschichte und die hat nichts mit Dir zu tun!
Und nun darfst Du aus Deinem Leben das machen was Du möchte. Denn es ist Dein Leben!
Bedanke Dich bei diesem Menschen, und gib ihm seine Geschichte zurück.
Lege das Kissen oder die Decke, in die Du zuvor die Emotionen geatmet hast vor Dich hin, wie wenn Du sie diesem Menschen übergeben würdest.

Atme tief aus. Langsam und tonlos, bis Du das sichere Gefühl hast, alles zurückgegeben zu haben.
Bedanke Dich nochmal und bitte diesen Menschen um seinen Segen.
Achte und ehre ihn für sein Leben und seine Geschichte.
Fühle den Frieden, der nun durch Dich fließt."

Bitte beachte, dass dies eine tiefe Übung ist und dass Du Dir ohne die Hilfe eines Therapeuten oder Coaches, nur einfache Themen zutrauen solltest. Spüre gut in Dich hinein und wenn Du Unsicherheit verspürst, überlasse es bitte einem Experten und suche Dir Unterstützung. Es liegt in Deiner Verantwortung wie achtsam Du mit Dir bist.

Das Gesetz der Resonanz

Bestimmt hast Du schon vom Gesetz der Resonanz gehört, bzw. kennst die Wirkung dieses Gesetzes. Ich werde ich dem nächsten Kapitel meine persönlichen Worte dazu finden.

Dazu hole ich ein wenig aus und erzähle Dir zuerst etwas über Dein energetisches Feld und was es beinhaltet.

Es gibt viele verschiedene Bezeichnungen dazu, je nachdem ob sie eher aus der spirituellen oder wissenschaftlichen Ecke kommen. Die Psychotherapie möchte das Wording „Energie" oder „Energiekörper" nicht gebrauchen, da sie sich klar von allem Spirituellen distanziert. Ich werde trotzdem das Wort Energiekörper als Wort benutzen, auch wenn ich dazu Seelenleib sagen könnte.

Dein Energiekörper ist ein feinstoffliches, magnetisches Feld, welches Dich durchdringt, als auch umgibt. Dein Körper ist in diesem Feld vollkommen integriert und eingebunden. Jede Zelle und jedes Atom von Dir sind Teil dieses Feldes, sowie Deine Gefühle, Deine Gedanken, Deine Spiritualität.

Du kannst Dir dieses Feld der Einfachheit halber wie ein hauchzartes, dreidimensionales Gitternetz vorstellen. Eine Art Licht-Gitternetz, welches schwingt, vibriert und pulsiert.
Da wo Dein sichtbarer, feststofflicher Körper ist, sind diese Fäden einfach dichter verwoben, somit können wir es mit dem Auge erfassen und mit den 5 Sinnen wahrnehmen.

Vergleiche es, wenn Du möchtest, der Einfachheit halber mit einem makellosen Spinnennetz.
Wundervoll gesponnen in einmaliger Form. Jeder Faden ist absolut harmonisch gespannt, ganz nach der Einzigartigkeit der jeweiligen Weberspinne. Manche Fäden sind feiner, andere sind stärker. Manche sichtbarer, manche nahezu unsichtbar. Zusammen ergeben sie eine absolute Spannungsharmonie, nicht zu straff, nicht zu locker. Windstabil, wasserfest. Dieses Netz schwingt in seiner ganz individuellen Harmonie und alle Fäden sind so miteinander verbunden, dass sie sich ohne unerwartete Einwirkung weder verkleben noch reißen. Alle Fäden sind miteinander verbunden und zusammen bilden sie ein multidimensionales Netz.

Wie das Spinnennetz in meiner Metapher, ist Dein Energiekörper verbunden mit allem was Du mitgebracht hast. Mit Deinem Körper, Deiner Seele, durchzogen von Deinem Geist.

Fliegt eine Fliege in das Spinnennetz, entsteht eine Spannung im Gitter des Netzes. Fäden verkleben sich und diese nun disharmonische Spannung, erzeugt eine Schwingungsänderung.
Diese Frequenz nimmt die achtsame Spinne wahr und sie weiß instinktiv, dass in ihrem Netz ein Fremdkörper klebt. Jeder weitere Fremdkörper im Spinnennetz verändert erneut die Gesamtspannung und veranlasst wiederum die Spinne dazu, den Fang zu erkennen.

Wenn wir nun Deinen Energiekörper mit einem multidimensionalen Spinnennetz vergleichen, könnte man sagen, dass jede unangenehme Erfahrung, die Du in Deinem Leben langfristig und/oder sehr intensiv erlebt hast, wie eine Verzerrung in diesem Spinnennetz wirkt. Manche sind kleiner, manche größer. Manche verkleben kaum die Fäden, andere erzeugen mehr Spannung, oder schlagen sogar Risse ins Gitternetz.

Dein Energiekörper ist ein Feld, in dem alles abgespeichert ist, was Du jemals erfahren, gefühlt, gedacht oder erlebt hast. Alles. Positive Erlebnisse schwingen und zirkulieren frei durch Dein System und zeigen sich als Dir dienende Fähigkeiten. Intensiv negative Erfahrungen sind eingearbeitet und verdichtet und haben eine festere Energiestruktur, wie die Fliegen oder Fremdkörper in meiner Metapher.

Hast Du also in Deinem Energiekörper viele solcher Belastungen, wie Abspeicherungen der Verlustangst, der Ablehnung oder anderer unschönen Erfahrungen, ist Dein ganzheitlicher Seelenleib verzerrt. Die Verzerrung verändert die Atmosphäre deines ganzheitlichen Systems und verändert seine natürlich angeborene Schwingung.

Da wir nicht nur eine einzige Verzerrung in unserem Energiekörper tragen, sondern meist ganz viele, schwingen wir in einer ganz eigenen und persönlichen Art und Weise. Mit dieser ganz individuellen Schwingung interagieren wir mit unserem Umfeld.
Ich bemühe mich diese Beschreibung erstmal so bildlich und einfach wie möglich zu halten. Für Dein Verständnis genügt es zunächst, wenn Du weißt, dass Du ein magnetisches Feld hast, welches durch Gedankenstrukturen, Gefühle und Erinnerungen beeinflusst wird.

Nun kommt das Gesetz der Resonanz hinzu, welches genauso gültig ist wie das Gesetz der Gravitation.

Resonanz ist ein Mitschwingen oder das Erwidern einer Schwingung. Einfach formuliert, bedeutet das, dass Du in Deiner aktuellen Schwingung schwingst und jene Schwingung erwiderst, die ähnlich oder gleich schwingt wie Du.

Eine Energie kommt vom Außen auf Dich zu (Du siehst, hörst, liest, erlebst etwas), sie trifft auf Dich und Deine Schwingung geht in Resonanz mit der Schwingung von außen. Deine Schwingung geht in Resonanz mit einer anderen Schwingung.
Diese Resonanz verstärkt unbewusst deine Eigenschwingung und löst eine feine energetische Stimulation aus, welche sofort von Deinem System erfasst wird. In Windeseile werden in Dir alle Gedanken, Glaubenssätze, Gefühle und Körperreaktionen aktiviert, die der jeweiligen Thematik entsprechen.

Diese Wirkungen können sein:

Positive Resonanz:

Du bekommst durch das was Du erlebst Deine angenehmsten und positiven Zustände gezeigt. Du fühlst Dich somit glücklich, erfreut, positiv gestimmt und fühlst ein positives, angenehmes und leichtes Gefühl.

Neutrale Resonanz:

Du erlebst, hörst, siehst etwas und das Erlebte macht nichts mit Dir. Nicht dass es Dir egal ist, es berührt Dich nur weder unangenehm noch angenehm. Es ist weder positiv noch negativ. Es ist einfach und geht an Dir vorüber.

Negative Resonanz:

In Deinem Leben widerfährt Dir etwas, ganz gleich ob direkt oder indirekt und dieses Erlebnis bewirkt in Dir unangenehme Gedanken, Gefühle oder Körpersymptome. Das Erlebte wird von Dir als eindeutig unangenehm wahrgenommen und setzt eine kurze oder längere Kettenreaktion an Gefühlen, Gedanken und/oder Körperzustände in Gang. Auf das unangenehme Erleben antwortet Dein System mit einer Reaktion, die Du entweder nach Außen ausdrückst oder mit einer unbewussten Strategie überspielst.

In diesem Buch schauen wir uns erstmal jene Felder an, die Dich in unangenehme Zustände versetzen.
Jene Energien die Angst, Trauer, Wut, Neid, Eifersucht, Hass, Zorn, Misstrauen, Hochmut, Ekel, Flucht, Missgunst, usw. hervorrufen.

Du kannst also davon ausgehen, dass jedes Mal, wenn Dich etwas unangenehm berührt, Du in diesem Moment in Kontakt bist mit einem kleinen verdichteten Teilchen Deines Energiefeldes, welches bis in Deinen festen Körper eine enge, feste Schwingung erzeugt. Wie wenn der Wind in ein Spinnennetz strömt, in dem eine oder mehrere Fremdkörper kleben.

So wie die Spinne zum Netz eilt, wird Dein System aktiviert und erzeugt einen unangenehmen Zustand in Dir. Eine Spannung.

Das Erlebte verhält sich also wie der Wind, der aufs Spinnennetz trifft.

Ein Mensch sagt etwas zu Dir und das was er sagt, trifft sozusagen auf dein Spinnennetz. Diese Wellen treffen auf die bereits vorhandenen Fremdkörper Deines Netzes und erzeugen eine Spannung. Diese Spannung löst eine Kettenreaktion aus.
Wie bei aufgestellten Dominosteinen, wird eine leichtere oder stärkere innere Kettenreaktion ausgelöst, die alle weiteren Gefühle, die mit dieser Struktur verklebt sind in Schwingung versetzen…umso mehr Du Dich aufregst, umso stärker war die negative Resonanz.

Ich hoffe, dass Du meinen Ausführungen folgen konntest. Es war eine interessante Herausforderung, etwas so hochkomplexes, so bildlich wie möglich zu formulieren.
Mir ist es wichtig dieses Thema an dieser Stelle des Buches anzusprechen, um den weiteren Verlauf besser verständlich zu machen.

Kurze Phasen der Erholung

Nachdem ich meine zuvor beschriebene Ängste beruhigt hatte, fühlte ich mich viel entspannter. Es machte mir weniger aus, dass ich mein Gegenüber seit dem ersten Treffen nicht mehr gesehen hatte. Wir schrieben und telefonierten regelmäßig und ich fühlte mich auch nicht mehr persönlich abgelehnt. Immer noch wollte ich ihn natürlich wiedersehen, doch akzeptierte ich, dass unser Treffen auf unbestimmte Zeit verschoben wurde. Meine Entspannung entspannte alles. Meine Worte waren sanfter, der Druck in mir wurde weniger und die immense Wut war nicht mehr wahrnehmbar.

Weil ich in mir etwas verändert hatte, ging ich nicht mehr in Resonanz, wenn Amado Dinge sagte, die mir zu verstehen gaben, dass er in nächster Zeit nicht kommen würde. Da meine Programme der Ablehnung nicht mehr da waren, nahm ich seine Absagen nicht mehr persönlich. Ich fand es nicht toll, dass er nicht kam, musste es jedoch nicht verstehen können. Ich konnte seine Entscheidung bei ihm lassen und akzeptieren, dass er das so möchte.

Dadurch wurde mein Gegenüber interessierter, zumindest nahm ich es so wahr. Er wurde gesprächiger und sprach oft und gerne von einem „uns". Wir sprachen über unsere Träume und Visionen und reflektierten unsere Erkenntnisse. Dazu muss ich sagen, dass mein Gegenüber, so wie ich damals, an eine höhere Bedeutung unserer schicksalshaften Begegnung glaubte und wir uns damals beide sicher waren, dass unsere Verbindung magisch war.

Was mir natürlich Anlass dazu gab, noch mehr an das Konzept der Zwillingsseelen zu glauben. Ich war sicher, wir wären eins in Gedanken und eins in unseren Gefühlen. Alles was feinstofflich war, war eins. Da gab es, bis auf unsere Diskussionen des Wiedersehens, keinerlei Widerstände. Er liebte es mich zu fühlen und mit mir zu schreiben, auch in der Vorstellung war alles „in love", nur in der irdischen Realität gab es seinerseits keine Anzeichen für Veränderung.

Körperliche Zustände

Ein, zwei Wochen ging das gut, bis sich der nächste Widerstand zeigte.
Wir hatten viele Male hintereinander telefoniert, viele Stunden am Stück bis früh in den Morgen. Nach jedem Telefonat bemerkte ich jedoch unangenehme körperliche Reaktionen, die sich wie unangenehmes Zucken feinster Nervenfasern bemerkbar machten. Diese Symptome lösten diffuse negative Gefühle in mir aus.
Obwohl ich unsere Kommunikation liebte und sie angenehm und bereichernd war, wurden diese Körperzustände immer unangenehmer.

Ich lebte ein gespaltenes Leben.
Meinen realen Alltag lebte ich mit meinen Kindern, meiner Arbeit und meinen Tieren und tat und erlebte das, was ich eben so tat.
Meine Liebes-Gefühlswelt lebte ich rein virtuell und ätherisch. Das Reale, Physische und Weltliche war ausgeklammert, nur in Worten und Gefühle erschien es erfüllend, doch physisch blieb es leer und unerfüllt.

Die Frustration dehnte sich in mir aus. Die aufblühenden Liebes-Fantasien konnten keine Erdung finden und keine Wurzeln schlagen. Wie ein schwebender Blumengarten, der keine Anbindung an das Weltliche fand.

Einerseits genoss ich zutiefst diese surreale Liebe, konserviert in den schönsten Zauberblasen. Andererseits fühlte ich mich betrogen, in Illusionen gehüllt und in Zauberwelten gefangen.
„Ich will Verbindung!" Schrie es in mir. „Verbindung auf allen Ebenen!"

Diese Erkenntnis war wohl eine der wichtigsten. Sie öffnete in mir Bereiche, zu denen ich bisher keinen Zugang hat. Mir wurde bewusster was ich wollte, wer ich bin und worauf ich nicht verzichten möchte. Ich erkannte, dass ich mich selbst sabotierte und meine Körperlichkeit, meine Hardware sozusagen, um die menschliche Liebe betrüge.
Mein Körper, der mit seinem Hilfeschrei der Nervenzuckungen nach meiner Aufmerksamkeit rief, der Frust und die unbefriedigenden Gefühle, die somit emporstiegen, lösten eine erneute Reaktionswelle aus.

Mein Seelenkörper, in dessen Netz der nächste Widerstand fühlbar wurde kapitulierte.
„AUS!" Schrie es in mir. „Ist Dir dein Menschsein so unwichtig?"

Ich erkannte, dass ich die Liebe glorifizierte und sie auf das körperlose reduzierte. Die göttliche, himmlische, transzendentale Liebe wurde um das Leben betrogen.

"Woher kam diese Verwechslung?" Fragte ich mich.

Ich wusste um das Gesetz der Resonanz. Verstand, dass ich nur das bekommen kann, was in mir schwingt. Ein Mann mir stets nur geben könne, was ich mir selbst geben kann. Also war mir auch klar, dass zwischen dem Feinstofflichen und dem Feststofflichen keine Verbindung herrschte.

Viele meiner Leser oder Zuhörer kennen diesen Zustand. Haben auch die Erfahrung gemacht, dass sich ihre Liebe nur bedingt erfüllt. Sie entweder rein körperlich war oder hauptsächlich emotional. Oder sie nur über Träume ihre Liebe erfuhren. Immer in Trennung, einseitig und unverbunden. Nie vollkommen und nie ausreichend erfüllt um von „menschlicher Liebe" sprechen zu können.

Kennst Du das?
Nickst Du mir innerlich zu, während Du das liest?

Da Du mir nicht antworten kannst, gehe ich in meiner weiteren Erzählung davon aus, dass Du das, was ich erlebt habe, auch kennst.

Ich dachte an meine vergangenen Beziehungen. Erkannte, dass immer ein Teil der Liebe fehlte. Da gab es die irdischen, funktionierenden Beziehungen. Die wirklich irdisch vollzogen wurden, mit Alltag und realem Leben. Doch mangelte es diesen Liebesbeziehungen an Gefühlen und Zärtlichkeit. Das wohlige Sanfte, die Romantik, die tiefen Verbundenheitsgefühle als auch die offene Herzlichkeit fehlte.
Oder es gab jene Beziehungen, die viele Farben der Liebesgefühle aktivierten, die irgendwie spirituell und magisch waren, jedoch nicht real physisch gelebt wurden.
Stets musste ich auf etwas verzichten, „all-inclusive" gab es nie.
„Muss das so sein?" Fragte ich mich.
"Kann Liebe nie ganzheitlich erlebt werden?
Ist Liebe Verzicht?

„Nein!" Das wollte ich so nicht glauben und noch weniger leben. So wollte ich mir das nicht weiter manifestieren. Ich wollte herausfinden, woran das liegt und war in tiefer Absicht dies zu ändern.

Ich erinnere mich noch gut an diese Zeit. Heute würde ich sagen, es war einer der tragreichsten Erkenntnisse. Als ich an diesem Abend mithilfe meines körperlichen Unbehagens an diese tiefen Abspeicherungen kam.

Der Zweifel am Konzept der Dualseelen

Es war ein „Aha-Moment", ein „Klick", der mich darauf brachte, das Konzept der Dualseelen und Zwillingsflammen erstmalig anzuzweifeln.
Ich erlaubte mir die starren Vorgaben dieses Liebeskonzeptes in Frage zu stellen.
„Das soll Liebe sein?" Fragte ich mich.
Oder hat sich da nur ein schlaues Köpfchen eine esoterische Wahrheit zusammengereimt, um sein eigenes Leiden erträglicher zu machen?

Das Konzept der Dualseelen spricht immer wieder von der bedingungsfreien Liebe und dass man durch diesen Transformationsweg zum bedingungslos liebenden Menschen mutiert.

Bedingungslos? Kann partnerschaftliche Liebe überhaupt bedingungslos sein?
Nein! Natürlich nicht!

Seelenliebe kann bedingungslos sein, die Liebe zu seinen Kindern kann bedingungslos sein. Doch wer erzählt, dass eine Partnerschaft bedingungsfrei sein kann, hat die Bedingungen nicht verstanden.

So fragte ich mich selbst ganz nüchtern, welche Bedingungen ich an eine Partnerschaft habe. Und die erste Bedingung, die mir als heterosexuelle Frau einfiel, war die Bedingung, dass mein Partner männlich sein muss. Auch war eine Bedingung von mir, dass er liebevoll und wertschätzend sein muss und dass er sich zu mir bekennen muss. So wurde die Vorgabe, dass menschliche Liebe bedingungslos sein muss haltlos für mich.

Der Erfinder, oder die Erfinderin der Dualseelen-Story vergaß, dass bereits das Konzept bedingt war und ganz und gar nicht bedingungsfrei ist. Denn die wahre Liebe wird auf eine Person bedingt und mit der Stigmatisierung der Dualseele oder Zwillingsflamme in eine Schublade gepackt. Um all diese scheinbare Bedingungslosigkeit der Liebe wurde ein romantisches Märchen erzählt, welches dem Märchenlesenden glauben lässt, besonders einzigartig zu sein.

Es ist nicht wahr, obgleich es wahre Elemente beinhaltet. Es ist eine traumhafte Illusion. Eine bedingende, eng machende Illusion der Liebe. Wie soll das Liebe sein, wenn es doch so unfrei und unvollkommen ist?
In dieser Nacht schlief ich kaum, mein Körper bebte.

Amado und ich teilten unseren Alltag mithilfe von Videos oder Fotos. Wir schickten uns Sprachnachrichten und schrieben uns jeden Tag, doch das physische und materielle Leben lebten wir getrennt voneinander. Diese Tatsache wurde mir immer deutlicher bewusst und regte mich immer mehr auf. Ich schlug ihm vor, mich zumindest einmal im Monat auf einen Kaffee zu treffen, um einander besser kennenzulernen. Doch diese Vorschläge lehnte er nach wie vor ab. Er meinte er sei noch nicht so weit.

Immer wieder und wieder hörte oder las ich seine Bedingungen. Was nicht ginge, wozu er noch nicht bereit wäre. Was er davor noch zu tun hätte und dass er noch nicht weiß, wann er bereit sei für unsere reale Liebe. Auch schrieb oder sagte er mir, dass diese Liebe doch frei wäre, raum-und zeitlos und ewiglich.

Ich rebellierte. Ich konnte die diffusen Worte nicht mehr hören. Wie Opium berauschten sie mein System. Sie machten mich von Tag zu Tag trübseliger, mürrischer und widerspenstiger. „Wie schmerzhaft können süße Worte sein", dachte ich mir. „Wie viel Sehnsucht braucht ein Mensch, um seine Illusionen selbst zu platzen und ins Leben zu gehen?"

Ich brauchte viel Frust, um das zu erkennen. Ich hatte, wie man so schön sagt, einen langen Atem. Doch Du, der das liest, hast den wohl auch, sonst hätte Dich mein Buch nicht angesprochen.

Fast 5 Monate hatte ich ihn nicht gesehen. Stets hatte ich meine inneren Widerstände transformiert. In diesen Monaten hatten wir mehr emotionalen Tiefgang, als ich es aus meiner fünfzehnjährigen Ehe kannte. Die physische Liebe, blieb jedoch aus.

Die Rebellion

Irgendwann war es dann soweit. In mir rebellierte alles.
Endlich war ich soweit, mich aus dieser psychischen Abhängigkeit zu lösen. Diese erste aufkommende Revolte in mir, war ein weiterer Schritt zurück zu mir.

<u>Übung:</u>

„Frage Dich, wie erfüllt Deine Beziehung ist. Die Partnerschaft die Du lebst. Ganz gleich ob Du die Beziehung zu Deinem Ehepartner betrachtest, oder die Beziehung zu einem Distanzpartner."

Nimm Dir ein Blatt Papier und zerteile es in 4 gleich große horizontale Spalten.

Schreibe in die oberste Spalte „Spirituelle Ebene", in die zweite „Mentale Ebene", in die dritte „Emotionale Ebene" und in die unterste „Physische Ebene".

Und nun fühle und denke nach und sei bitte ganz ehrlich mit Dir.

Wie viel Liebe lebst Du mit diesem Menschen spirituell? Mit Spirituell meine ich die höhere geistige Ebene. Die Welt der gemeinsamen Visionen, der gemeinsamen spirituellen Gespräche, der gemeinsamen höheren Erkenntnisse, höhere Gespräche, höherer Gedankenaustausch. Der Seelengefühle. Der Träume und Inspiration?
Wie sehr begeistert Dich Dein Gegenüber und umgekehrt? Wie viel Geistesliebe lebst Du?
Nimm einen Buntstift und male das Feld „Spirituelle Ebene" so viel aus, wie Du es als voll oder erfüllt empfindest.

Dann schau auf die nächste Ebene, die mentale Ebene. Und frage Dich erneut:
Wie viel Liebe kommunizierst Du mit Deinem Gegenüber? Sprecht ihr über eure Liebe, eure Gefühle, euer Leben, eure Pläne, euren Alltag? Findet ihr auf dieser Ebene Erfüllung? Ist es voll? Fließt der mentale Austausch? Wird kommuniziert und Gedankliches offen und ehrlich ausgetauscht? Finde Deinen Wert heraus und male wiederum diese Spalte so viel aus, wie es Deinem Empfinden nach entspricht.

Die nächste Ebene ist die emotionale Ebene. Frage Dich: Wie viel Gefühl fühlst, denkst und lebst Du? In meiner Arbeit als Coach erkenne ich, dass viele Menschen hier oft vorschnell die ganze Spalte ausfüllen möchten, daher sei wirklich brutal ehrlich mit Dir. Denn Gefühle sind nicht nur feinstofflich, sie drücken sich auch gerne sichtbar aus. Also wie viel Gefühl erfährt eure Beziehung, sowohl überirdisch als auch irdisch? Drückt Dein Gegenüber seine Gefühle in Handlungen aus? Steht er zu seinen Gefühlen? Stehen die Gefühle oder fliegen sie nur? Nimm Dir bei dieser Frage besonders viel Zeit. Du erkennst Deine Wahrheit, wenn Du Dir gleichzeitig vor Augen hältst, was möglich wäre. Was für Dich voll wäre und somit, wie erfüllt es tatsächlich ist.

Auf der physischen Ebene geht es, um alles was mit den 5 Sinnen zu erfahren ist. Alles lebbare und menschlich Reale. Erlebte Gefühle, erlebte Kommunikation, erlebte Spiritualität, gemeinsame Erlebnisse. Zusammen Kaffeetrinken, in den Armen liegen, zusammen in ein Theater gehen, den Sternenhimmel betrachten, Alltag erleben. Alles in umgesetzter irdischer Form. Wie viel ist davon in Deiner Beziehung erfüllt. Wie viel Liebe erlebst Du schon?
Auch hier malst Du mit dem Buntstift Deine Spalte so viel, wie du die Liebe irdisch lebst.

Nun betrachte Deinen Zettel. Wenn Du ehrlich mit Dir warst, erkennst Du an dieser Stelle, dass Du noch lange nicht von einer „auf allen Ebenen erfüllten Liebe" sprechen kannst. Da geht definitiv noch mehr!

Du darfst auch so ehrlich mit Dir sein und erkennen, dass Du Dich ganz schön um deine Erfüllung bringst und Dir etwas vormachst, wenn Du von „bedingungsfreier Liebe" sprichst. Denn, sei mal ehrlich mit Dir, diese Liebe bedingt Dich ganz schön. Erkenne, worauf Du verzichtest und was Du nicht erleben kannst, in dieser magischen, besonderen Dualseelenliebe, die angeblich göttlich und bedingungsfrei sein soll.
Erkenne Deinen Selbstbetrug und bemerke, dass Du der emotionalen Liebe mehr Bedeutung gibst als der physischen Liebe.

Betrachte diese Übung wie eine Art „innere Bilanz".
Ein Erkennen des jetzigen IST- Zustands. Wertfrei doch erkenntnisreich.

Erkenne auch wie viel von Deinem Blatt Papier nicht ausgemalt wurde. Du kannst auch gerne den ausgemalten Bereich vom unbemalten Bereich trennen und dein Blatt Papier mit einer Schere durchschneiden, so wird Dir vielleicht bewusst, wie unerfüllt Deine Bedürfnisse eigentlich sind.

Erfüllte Liebe erfüllt alle Schichten und das ist erst die Basis, der Beginn einer glücklichen Partnerschaft.
Wie beim Bau eines Hauses, bedarf es zuerst eines Fundaments.

Das Fundament einer Partnerschaft sind die gemeinsamen Werte, Wünsche, das Vertrauen und die Sicherheit. Zuerst muss geklärt sein, ob man zusammenpasst und ob man zusammenleben möchte. Dann muss geklärt werden, ob die Art wie man Gefühle und Gedanken teilen möchte gut zusammenpasst, ob man sich wirklich leiden kann und die Anziehungskraft genügt. Auf allen Ebenen muss es gut zusammenpassen. Real, mental sowie emotional.
Beide Personen sind zu gleichen Teilen verantwortlich für das Gelingen der Partnerschaft. Beide bauen an diesem Haus der Liebe und beide sind zu gleichen Teilen verantwortlich dafür, ob das Haus erfüllt oder unerfüllt ist.

Als ich damals die Übung mit dem Blatt Papier und den unterschiedlichen Ebenen machte, staunte ich nicht schlecht. Die erste Spalte war zu 75% ausgemalt, die mentale Ebene zu 50%. Die emotionale hätte ich am liebsten gleich ganz ausgemalt, doch erinnerte ich mich an das, was ich auch Dir geschrieben habe. Ich träumte und visualisierte meine Gefühle, ich fühlte sie natürlich auch. Doch leben konnte ich meine Gefühle mit diesem Mann nicht.
Ich sah sie nicht, ich spürte sie körperlich nicht, ich konnte sie nicht streicheln, geschweige küssen, noch ihm in die Augen schauen, noch im Alltag erleben. Also war meine emotionale Ebene nur zu 38% ausgemalt.
Die irdische Ebene auf meinem Blatt Papier blieb nahezu leer.

Ein erschütterndes Ergebnis. Ich erkannte, dass ich in meiner geschiedenen Ehe, prozentuell gesehen, mehr Liebe erfahren hatte.

Die Unverbundenheit

Mir fiel auf, dass ich den Bereichen unterschiedliche Wertigkeit gab und dass ich meinen Körper, dem Irdischen und Materiellen, weniger Beachtung schenkte als dem Psychischen und dem Mentalen. Dass ich zwar alles wollte, aber nicht alles gleichwertig lebte. Am wenigsten das Leben an sich.

So zeigte es sich auch im Außen. Ich lebte meine Liebe nicht. Ich liebte auch das Leben nicht. Ich erkannte, dass ich in mir nicht verbunden war.

Ich sagte: „Ich will die Liebe leben", doch in Wahrheit tat ich es nicht. Ich erkannte die Illusion, die mich um meiner Selbst, um mein menschliches SEIN betrog.

Also änderte ich entscheidende Dinge in mir. Das Erste was ich ändern wollte, war die Verbindung in mir wiederherzustellen. Meine Seele mit meinem Menschlichen zu verbinden. Das Feinstoffliche mit dem Feststofflichen. Das Formlose mit der Form. Das Göttliche mit dem Irdischen. Vater Himmel mit Mutter Erde.

Die Verbindung war unterbrochen, der Himmel berührte die Erde nicht. Die Verbindung zum Irdischen, zu Erde fehlte. MUTTER Erde!

Die Verbindung zur Mutter

Deine Mutter ist die zentrale Figur Deines Lebens. Ob Du Deine biologische Mutter kennst oder nicht, ob sie bereits verstorben ist, oder noch lebt, ob Du Kontakt zu ihr pflegst, oder nicht, ist für das, was ich Dir nun schreibe, nicht wichtig.
Sie ist die erste Person in Deinem Leben mit der Du in Beziehung trittst. Auch wenn es nur eine kurze Phase Deines Lebens war, weil Du eventuell zur Adoption freigegeben wurdest oder Du Deine Mutter nur kurz kanntest.
Ihr wart eins.
Tief verbunden, sogar auf körperlicher Ebene. Eine innigere menschliche Beziehung, wirst Du in dieser Form nie wieder erleben.

Du warst nicht nur physisch durch eine Nabelschnur und Plazenta mir ihr verbunden, Du lebtest IN ihr. Ihr habt dieselbe Luft geatmet, Du warst an ihren Blutkreislauf angeschlossen und hast dasselbe gegessen und getrunken wie sie. Du wurdest mit ihren Hormonen durchspült und hast vierundzwanzig Stunden, mitbekommen, wie es ihr geht. Du hast ihre Gefühle gefühlt, auch wenn Du diese damals nicht zuordnen konntest. Du hast sie gehört und gespürt und ganzheitlich wahrgenommen. Eure Seelen waren einander sehr vertraut und sie war es, die Dir dann, bei Deiner Geburt, Dein Leben schenkte.

So ist die Mutter Dein erster menschlicher Beziehungsraum und diese Verbindung wird, unter anderem, all Deine zukünftigen zwischenmenschlichen Beziehungen beeinflussen.

Wenn diese Frau Dich nach der Geburt großgezogen hat, hat sie Dich auch getragen, genährt und begleitet. Hat dies eine andere Bezugsperson übernommen, hast Du zwei, oder mehrere Menschen gehabt, die Deine Beziehungsstrukturen geprägt haben.

In diesem Kapitel dreht sich alles um die Mutter, keine Sorge, der Vaterfigur wird im Laufe dieses Buches auch ein ganzes Kapitel gewidmet.

Hinter Deiner Mutter steht eine weitere Mutter, Deine Großmutter und dahinter wiederum viele andere Mütter. Hinter Deinem Vater stehen auch viele Mütter. So hast Du 2047 Mütter hinter Dir stehen, in 12 Generationen.

Würde eine dieser 2047 Mütter fehlen, wärst Du heute nicht da.
Mache Dir das bewusst!
Würde nur EINE fehlen, wärst DU NICHT DA!
Und solltest Du selbst Kinder und Enkelkinder haben, wären die auch nicht da.
Erkennst Du die lebenswichtige Verbindung?

Lass dieses Bild der 2047 Mütter kurz auf Dich wirken.
Dein Leben ist nicht einfach irgendein Leben. Es ist DEIN Leben.
Du gibst diesem Leben Ausdruck.
Durch die Wahl, wie Du leben möchtest und welche Entscheidungen Du triffst, drückt sich Dein Leben, durch Dich aus.
So trägst Du die Verantwortung für Dein Leben und hast somit die Macht darüber, wie Du Dein Leben gestalten möchtest.
Du trägst natürlich auch die Konsequenzen für Deine Wahl, wie Du Dein Leben verantworten möchtest.
In der Verantwortung steckt die ANTWORT. Wie antwortest DU auf Dein Leben?
Als Kind warst Du abhängig von Deinen Bezugspersonen, aber seit Du erwachsen bist, liegt die Verantwortung bei Dir.

Die Verbindung zu Deiner Mutter sagt viel über Deine Beziehung zu Dir aus.

Wie Du Bezug zu Dir nehmen kannst.
Ich möchte nochmal betonen, dass es dabei nicht entscheidend ist, ob Du Deine Mutter kennst, oder nicht. Eine gute Verbindung kannst Du auch haben, wenn Du keinen realen Kontakt zu ihr hast.

Mit Verbindung meine ich nicht die Anzahl der Stunden, die Du mit deiner Mutter verbringst. Ich meine auch nicht, wie sehr Du ihre Meinungen teilst.
Es geht um die Mutter-Kind Verbindung IN DIR.
Den Frieden in Dir, wenn Du an Deine Mutter denkst, ganz gleich, ob Du es gut findest, wie sie als Mutter war, oder nicht.

„Schließe kurz Deine Augen und fühle Deine Verbindung zu Deiner Mama. Für diese Übung muss Deine Mutter nicht neben Dir sitzen. Sie muss nicht einmal mehr am Leben sein. Auch wenn du Deine Mutter nach deiner Geburt nie kennengelernt haben solltest, fühle die Verbindung zur Mütterlichkeit. Du kannst, wenn du möchtest, auch die Verbindung zu allen Deinen Müttern fühlen. Zu so vielen Frau wie möglich, die Dir Dein Leben ermöglicht haben. Wenn Dir diese Übung schwerfällt, habe Geduld mit Dir. Stelle Dir einfach ganz viele Frauen vor, die hinter Dir stehen.“

Merke Dir, wie Du dich dabei gefühlt hast. Bewerte es nicht! Nimm es nur wahr und merke es Dir. Du kannst es Dir auch aufschreiben. Vielleicht konntest Du auch körperliche Symptome wahrnehmen, merke Dir auch diese.

Du wirst nun für Dich erkennen, wie kraftvoll, friedlich, nährend, liebend, tragend, erfüllend und spürbar diese Verbindung ist, oder nicht.
Sei ganz ehrlich mit Dir, ohne das Erkannte zu bewerten. Es ist nur eine Momentaufnahme und trifft keine grundsätzliche Aussage über Deine Verbindung.

Viele meiner KlientInnen haben zu ihrer Mutter oder Müttern eine gespaltene Verbindung. Entweder fühlen sie nichts oder wenig, oder sie fühlen viele Widerstände wie Wut, Traurigkeit, Scham, Hass oder Ungerechtigkeit.

Wir haben mit unserer Mutter Erfahrungen gemacht, gute und weniger gute. Vielleicht hätten wir mehr Liebe gewollt, mehr Aufmerksamkeit oder mehr Freiheit oder Sanftmut und Geborgenheit gebraucht.

Eine Mutter wird niemals alles perfekt gemacht haben, auch wenn sie alles so gut gemacht hat, wie sie konnte. Sie war und ist so wie sein konnte. Sie war nur „gut genug". Besser konnte sie es nicht
Wenn Du eine traumarisierende Kindheit hattest, kann es sein, dass Du mir an dieser Stelle widerspricht und nichts von dem wie Deine Mutter war, gutheißen kannst. Das verstehe ich und ich verspreche Dir, Du musst nichts an ihrem Verhalten gutheißen und kannst trotzdem eine friedvolle Verbindung erreichen.

Deine Mutter hat ihre eigene Geschichte, mit eigenen Erlebnissen, Erfahrungen, Traumata, positiven und negativen Gefühlen und Gedanken. Sie hatte ihre persönliche Kindheit, ihre Eltern, ihre Generation. Sie wurde geprägt von ihren Bezugspersonen, ihrer Zeit, ihrem sozialen Umfeld und von allen Strukturen, in die sie eingebunden war. Dazu gehören auch das Land und die Ökonomie, in der sie lebte. Die politische Situation, die Religion, die Traditionen und Werte dieses Systems und vieles mehr.
Dazu kamen ihre persönlichen Bewertungen des Lebens, ihr Stil mit dem Erlebten umzugehen, ihr Charakter, ihre Resilienz, ihre Vulnerabilität und ihre persönlichen Schutzmechanismen und Lösungsansätze. Das ist ihre persönliche Geschichte, die sie so werden ließ, wie sie geworden ist.

Und damit hast Du gar nichts zu tun!

Wäre statt Dir, am selben Tag, zur selben Zeit, ein anderes Kind geboren worden, wäre sie die absolut selbe Person gewesen.

Ihr Menschsein hat NICHTS mit Dir zu tun.
Ihr Leben hat NICHTS mit Dir zu tun.
Ihre Gedanken haben NICHTS mit Dir zu tun.
Ihre Gefühle haben NICHTS mit Dir zu tun.
Die Art wie sie als Mutter war oder ist, hat NICHTS mit Dir zu tun.
Wie sie spricht und agiert hat ebenso NICHTS mit Dir zu tun.
Was sie gut findet oder nicht, hat auch NICHTS mit Dir zu tun.

Wie sie die Liebe lebt, was sie über Männer oder Frauen denkt, wie sie Partnerschaft lebt oder nicht lebt, ob sie gesund lebt oder ungesund, ob sie depressiv ist oder glücklich, reich oder arm, süchtig oder suchtfrei, dick oder dünn, klug oder einfach.

DAS HAT ALLES NICHTS MIT DIR ZU TUN!!!!

Nur Eines hat etwas mit Dir zu tun.

DEINE INNERE HALTUNG ZU IHR.

Ich wiederhole mich bewusst:

Ohne sie wäre Dein Leben nicht da. Ohne sie wärst DU nicht da.
Ohne sie würde all das was zu Dir = Deinem Leben gehört,
NICHT EXISTIEREN.

Ich gehe noch weiter und schreibe:

Du bestehst biologisch zu 50% aus Deiner Mutter.
Zu 25% aus der Mutter Deiner Mutter.
Deine Kinder bestehen zu 25% aus Deiner Mutter.
Deine Enkelkinder zu 12,5%.

Du bist wie ein Ast, der aus Deinem Elternast wächst.
Ohne dem Ast hätte der Trieb, Du, nicht wachsen können.
Und wenn der Trieb nicht wächst, wächst ein Teil vom Baum nicht mehr.

„Stelle Dir einen Baum vor. Einen großen, kräftig gewachsenen Baum. Dieser Baum ist Dein Familienbaum. Zuerst war es ein Samen, der wurde zum Keimling und weiter zu einer zarten Pflanze. Doch bevor er die Bodendecke durchstoßen konnte, trieb er seine Wurzeln aus. Sie stärkten und stabilisierten den Keimling. Dann wuchs die zarte Pflanze. Sie erlebte Kälte und Trockenheit und wuchs weiter. Mal langsam, mal schneller. Sie verzweigte sich, sowohl unter die Erde als auch über der Erde. Es kam ein Reh, welches die Pflanze anknabberte. Sie hatte

Schädlinge, sie wurde von einem Pilz befallen. Doch sie wuchs weiter und verzweigte sich noch mehr.

Aus der kleinen Pflanze, wurde irgendwann ein Bäumchen und dann ein Baum. Mal schlug der Blitz ein, mal kam Frost oder Hagel. Dann gab es wieder Phasen des Sonnenscheins und dann wieder Sturm oder Hochwasser. Doch der Baum wuchs weiter und weiter.

Lange Zeit musste er sich im Schatten anderer Bäume zur Sonne kämpfen, bis er sein Blätterdach der Sonne zuwenden konnte.

Du bist der letzte, vorletzte oder vorvorletzte Trieb dieses Baumes. Ohne dem Ast unter Dir, wärst Du nicht da. Hätte der ganze Baum all die Widrigkeiten nicht überstanden, wärst Du auch nicht da.

Jede Reihe des Baumes ist eine Generation. So wie in Deiner Familie.

Jede Generation hatte ihre Zeit. Jede Generation war einmal der letzte Trieb des Baumes. Jede Generation hatte ihre Geschichte, ihre Erlebnisse. Dem Trieb kümmert es nicht wie der Ast unter ihm aussieht, ob er kaum gewachsen ist, pilzbefallen ist, Kerben hat oder Löcher. Hauptsache er ist da. Hauptsache der Ast ist da, um dem Trieb die Möglichkeit zu geben wachsen zu können. Der Trieb holt sich die Nährstoffe des Astes unter ihm, welcher sich die Nährstoffe ebenso vom Ast unterhalb holt und der wieder vom Stamm und der Stamm von den Wurzeln und die Wurzeln aus dem Boden.

Alles ist über die Baumsäfte miteinander verbunden und die Verbindung in sich, lässt den Baum wachsen.

Ganz gleich wie deine Mutter als Mensch ist. Sie ist Deine Mutter.

Sie hat Dich getragen und energetisch tut sie das immer noch. Dich tragen in 12 Generationen 2047 Frauen. Nicht ihr Charakter oder ihre persönliche Erscheinung. Einzig und allein, weil sie da waren und/oder sind, tragen sie dich. Du musst den Ast unter Dir nicht schön finden, noch musst Du so werden wie er. Du bist individuell in Deinem Sein, so wie jeder Ast dieses Baumes. Aber eines verbindet alle Äste, die neutrale Lebensenergie. Was Du mit dieser Lebensenergie machst, ist Deine persönliche Entscheidung. Aber nehmen musst Du sie. Und wenn der kleine Ast dies tut, dann wächst er weiter und über die anderen Äste hinaus und weil er wächst, wächst der ganze Baum."

Fühlst Du was ich damit meine?

Ich hatte lange Zeit ein sehr distanziertes Verhältnis zu meiner Mutter. Ich verurteilte sie für gewisse Verhaltensweisen und es gab sogar eine Zeit, da hatte ich den Kontakt zu ihr komplett abgebrochen.

Mama, wenn du das liest, möchte ich Dir sagen: „Ich habe Dich lieb! Ohne Dich wäre so viel nicht möglich. Ohne dich wären aktuell 14 Menschen nicht da.
14 Leben weniger. 14 Lebenszyklen weniger plus deren Inhalt, Gedanken, Gefühle, Errungenschaften, Veränderungen, Erkenntnisse und Pionierarbeit.

Es lohnt sich da zu sein, Mama. Deine Existenz hat sich jetzt schon 1000-fach gelohnt. Danke für Dein Leben und somit für meines und das von allen anderen, die ohne Dich nicht da wären."

Als ich klein war, hat meine Mama alles getan was sie tun konnte. Sie hat es schon einmalig gemacht, so gut wie es ihr eben möglich war. Jedes Kind findet in jedem Alter etwas, was aus der Sicht des Kindes, hätte besser sein können. Jedes Kind.
Auch ich fand einige Dinge weniger gut oder meinte mich darüber aufregen zu müssen. Ich habe mich oft nicht richtig gefühlt und habe gelernt, so zu sein, dass ich ihre Zuneigung bekomme. Diese Phase hat meine Persönlichkeit geprägt und ist mir Jahrzehnte später, in meinen Beziehungen zum Verhängnis geworden. Denn die Mutter ist, wie bereits geschrieben, eine Schlüsselfigur und die erste Person Deines Lebens, die mit Dir in Bezug geht und somit Deine Beziehungsstile mitprägt.

Meine Teenagerphase war heftig, ich fand in meiner Mutter keine konstante Stabilität. Sie hatte ihre eigenen Themen und ich wurde sehr früh selbstständig. Meine Mutter war immer da für mich, aber trotzdem fühlte ich mich irgendwie alleine.

Eigentlich war ich das kleine „Pipihendi" (Küken).
So nannte mich meine Mutter immer, als ich ganz klein war.

Doch irgendwie fühlte ich mich gar nicht so.

Obwohl ich der absolute Nachzügler war, 11 Jahre jünger als meine ältere Schwester, fühlte ich mich viel älter. Diese Verschiebung im System wurde mir erst bewusst, als ich selbst mein erstes Kind bekam und die Auswirkungen meiner Fehlposition im Familiensystem sichtbar wurden.

Das Familiensystem

Damals kam ich durch Zufall zu einem systemischen Familientherapeuten. Mit dessen Hilfe erkannte ich die Verzerrungen in meiner Herkunftsfamilie. Als kleines Kind habe ich meinen Platz zwischen meinen Eltern gesehen. Wie ein Bindeglied stand ich zwischen Mama und Papa. Zu Papa fühlte ich mich am nächsten. Von ihm fühlte ich mich absolut geliebt und in meiner kindlichen Welt war er jene Person der Familie, der ich am meisten gefallen wollte. Als ich zur Welt kam, mein Vater war bereits älter, sah ich mich als Mittelpunkt der Familie. Mein Vater, der bevor ich gezeugt wurde, fast gestorben wäre, sah in mir seine persönliche Wiedergeburt.

In meiner magisch kindlichen Wahrnehmung war ich die Prinzessin und mein Vater war der König. Aus dieser Perspektive heraus, entwickelt sich eine Größe und Wichtigkeit, die nicht so gesund war für meine Persönlichkeitsentwicklung.

Das Problem an der Sache war, dass ich mich an diesem Platz, zwischen meinen Eltern, nicht als ihr kleinstes Kind erfahren konnte. Denn dies war nicht mein Platz im System. Ich verhielt mich nicht wie der kleinste Trieb des Astes, sondern wie der Ast. Ich fühlte mich verantwortlich als Bindeglied meiner Eltern und unbewusst führte ich diese Rolle aus.

Weil ich am falschen Platz im System stand, erlebte ich meine Mutter anders als Kinder, die am richtigen Platz stehen. Aus dieser ungesunden Perspektive, in der sich ein kleines Kind dazu berufen fühlt ein Bindeglied oder Vermittler zu sein, kann es seine Kindlichkeit gar nicht erkennen. Natürlich war ich ein Kind, aber die Rolle als kleinstes und jüngstes Familienmitglied wurde mir nie zugänglich. Als mein Vater starb, als ich 8 Jahre alt war, verlor ich den Boden unter mir. Sein Tod kam plötzlich und unerwartet. Nun stand ich da, mit der bereits gut integrierten Rolle des Bindeglieds und der Vater war auf einmal nicht mehr da. Ich stand auf verlorenem Posten. Meine Mutter, die nun alleine war und vor unendlich vielen Herausforderungen stand, war emotional sehr belastet. Für mich starb damals nicht nur der Vater, sondern das ganze Familienkonstrukt. Doch dies konnte ich mit meinen 8 Jahren weder verstehen noch kommunizieren. In mir kapselte sich etwas ab und meine Emotionen blieben verschlossen in mir.

Mutterliebe

Als ich ein Teenager war empfand ich meine Mutter als zu kritisch, zu wenig mütterlich, zu unnahbar. Ich empfand sie als sehr launisch, heute würde ich sagen, emotional instabil. Immer noch hatte ich meinen Platz als jüngstes Kind nicht eingenommen. Ich stand im System noch immer am selben Platz, neben meiner Mutter, da wo eigentlich ein Partner stehen würde.
So erlebte ich meine Mutter so, wie man eine Mutter aus dieser Position heraus erleben kann. Wie eine Freundin, Gleichgesinnte oder Konkurrentin.

Eigentlich sehnte ich mich nach Bemutterung und nach ihrer bedingungslosen Liebe. Ich wollte alles tun, um sie glücklich zu sehen und wollte geliebt werden, so wie ich bin. Ich hatte das Gefühl sie emotional nie ganz erreichen zu können. Mal fühlte ich mich vollkommen verstanden von ihr, dann wiederum fühlte ich mich vollkommen ungesehen.

Tief in meiner Seele sehnte ich mich danach, das kleine Mädchen zu sein. Doch meine Rolle als Prinzessin und Gleichgesinnten meiner Mutter, ermöglichte mir nicht, meine Mutter als mütterlich wahrzunehmen.
Ich wollte mütterlich-bedingungslose Liebe, konnte diese Liebe jedoch gar nicht annehmen.

Dazu möchte ich dir eine Metapher geben:

„Stelle Dir eine Kuh auf einer Wiese vor. Daneben tollt ihr Kälbchen umher. Die Kuh grast und in ihrem Euter ist die Milch für das Kalb. Die Milch ist die Metapher für die Liebe der Mutter. Wenn das Kälbchen Milch möchte, muss es zur Kuh laufen, das Euter anstupsen und selbstständig trinken. Das Kalb holt sich die Milch. Umso mehr das Kalb trinkt, umso mehr Milch produziert die Kuh. Umso

mehr das Kälbchen trinkt, umso besser wächst es heran. Die Kuh rennt dem Kälbchen nicht nach und trägt ihm die Milch hinterher. Noch fordert das Kälbchen die Kuh dazu auf, ihm mit der Milch nachzulaufen. Das Kalb geht zur Kuh und bittet um die Milch. Die einzige Aufgabe der Kuh ist, da zu sein und die Milch zu garantieren. Dem Kalb ist einerlei, ob die Mutter schwarze oder braune Flecken hat, ob sie heute grantig ist oder ob sie gut drauf ist, ob ihr das Euter schmerzt oder nicht. Es kümmert sich nicht darum. Die einzige Aufgabe, die das Kalb hat, ist die Milch anzunehmen und aufzunehmen, um dadurch weiter zu wachsen. Um zum Euter zu gelangen, muss das Kälbchen klein sein. Kleiner als die Mutter.“

So ist das auch mit der Mutterliebe. Sie ist immer da. Gratis. Unbegrenzt. Sie fließt von jeder Mutter zum Kind. Das ist die Natur der Mutterliebe, sie fließt immerzu. Egal ob die Mutter noch lebt oder nicht. Doch nehmen muss sie das Kind schon selber. Umso mehr Liebe du annimmst, umso mehr fließt nach. Umso mehr Liebe du annimmst, umso mehr kann davon in dein Leben fließen. Zu Dir, zu Deinen Kindern, zu Deinem Beruf, zu allem was Dein Leben ausmacht.

Diese Verbindung ist die wichtigste, erste Liebesverbindung Deines Lebens. Ganz gleich wie Deine Mutter als Mensch ist oder war. Ihre menschliche Art ist ihre persönliche Sache, doch dass DU ihr Kind bist und sie Dir somit das Leben ermöglicht hat, das war ihr größtes Geschenk an Dich.

Solltest Du bemerken, dass Du mit diesem Text Widerstände hast, dann empfehle ich Dir, Dir Unterstützung zu suchen. Das Mutterthema ist sehr komplex und es lohnt sich da genauer hinzusehen. Immer wiederkehrende Probleme in zwischenmenschlichen Beziehungen, vor allem in Partnerschaften, haben häufig ihren Ursprung in der problematischen Verbindung zu Deiner Mutter.

Übung:

„Schließe Deine Augen und fühle nochmal die Verbindung zu Deiner Mutter. Lass Dir dabei Zeit. Bitte erlaube Dir für einen Moment, alle persönlichen, unschönen Erfahrungen mit ihr als Person, zu vergessen. Das ist jetzt an dieser Stelle vollkommen unwichtig.
Verbinde Dich mit dem Strom der mütterlichen und weiblichen Energie. Der Lebensenergie, die sie Dir übertragen hat. Die schon ihre Mutter ihr übertragen hat und Deiner Großmutter von Deiner Urgroßmutter übertragen wurde. Dieser Strom von tausenden Frauen. Sie stehen alle hinter Dir. Wie der Lebenssaft eines Baumes, der von den Wurzeln aufgesogen wird. Jeder Ast saugt dieses Lebenselixier aus dem Ast auf, aus dem er entspringt. Jeder Zweig ist ein Zweig für sich, mit individueller Beschaffenheit und eigener Zeitgeschichte. Doch sind alle miteinander verbunden und Formen zusammen diesen Baum. Fühle den Strom, der Dich mit allen Frauen verbindet, auch mit den Männern. Fühle den Strom und dadurch den Baum, die Energie des Lebens, die den Baum am Leben hält und ihn verbindet mit Mutter Erde."

Innere Stabilität und Verbundenheit

Nachdem ich diese mütterliche Verbindung erstmalig gefunden hatte, fühlte ich mich viel ruhiger. Ich fühlte mich erstmals, da wo ich war, angekommen. Obwohl mein Leben damals alles andere als toll war, fühlte ich mich erstmalig „im Leben anwesend".
Ich fühlte mich stabiler und präsenter, auch wenn mein Leben noch immer chaotisch war. Erstmalig war ich fähig, das Chaos in seiner wirklichen Größe zu erkennen und mich dazu zu bekennen. Ich hatte endlich die Kraft und Stabilität mich meinem Lebenschaos zuwenden zu können, es, auch wenn es mir nicht gefiel, anerkennen und annehmen zu können.

Ich konnte nun in die Eigenverantwortung gehen, denn jetzt war mein Leben nicht mehr getrennt von mir. Ich erkannte, dass ICH mein Leben bin und somit nur ICH mein Leben gestalten kann. Ich selbst und sonst niemand dafür zuständig ist, aus diesem Leben das für mich beste Leben zu machen.

So begann ich mit einer bewussten Bestandsaufnahme von meinem Leben. Das war damals ziemlich ernüchternd, denn mein Leben war eine chaotische Baustelle.

Mein Leben so zu sehen, wie es wirklich war, war nicht angenehm. Natürlich hätte ich am liebsten alles sofort geordnet, doch ging es nur Schritt für Schritt. Niemand würde kommen, um mich zu retten, was nicht bedeutete den Weg vollkommen alleine gehen zu müssen. Es gab Hilfe, in Form von Mentoren, Lehrern, TherapeutInnen und Coaches, doch die Verantwortung trug ich selbst.

Nachdem ich erstmalig, voller Bewusstsein, meine Verbindung zu mir sowie zu meinem Leben fühlen konnte, war es mir nicht mehr möglich mich davon abzuwenden. Ich konnte mich nicht mehr entbinden und das war auch gut so. Ich begann damit, mich vorwiegend um das zu kümmern, was ist.

Ich erkannte, dass ich stets vor dem irdischen Leben davongelaufen bin, vor dem menschlich Normalen, dem Realen und Gewöhnlichen. Mir wurde bewusst, dass ich mich allzu gerne abgelenkt hatte und mich mit Träumen beschäftigt hatte. So erkannte ich auch, dass ich diese Träume jedoch nie in mein Leben integriere konnte. Ich träumte von einem Leben, anstatt damit zu beginnen, meine Träume zu leben.

So zeigte es mir bis dato auch Amado, mein Gegenüber. Die himmlischen Gefühle, Gedanken und Visionen, die Träume hatten nie den Boden erreicht. Es blieben Luftschlösser.

Nachdem ich „am Boden der Tatsachen" angekommen war, verbunden mit meinem Menschsein, verstand ich in der Tiefe, wovon ich mich die ganze Zeit abgelenkt hatte. Denn mein Leben war gar nicht so toll, wie es meine himmlischen Gefühle waren. Ich hatte mich somit selbst getäuscht.

Es folgte eine Phase der Umkehr in mir. Ich verstand nun, warum ich einem Mann begegnen musste, der mir die größtmögliche Liebe nur aus der Ferne geben konnte. Meine Liebe war so weit entfernt von meinem Selbst, dass ich die Liebe in der Nähe niemals erfahren konnte. Das wollte ich ändern und befasste mich ganz bewusst eine Zeit lang nur mit meinem realen Leben.

Ich begann mich auf das Leben im „Hier und Jetzt" zu fokussieren und kümmerte mich vor allem um das Reale. Um alles, was in seiner Form da war. Meine Kinder, meinen Haushalt, meine Finanzen, meinen Beruf, meine Unordnung. Manchmal hätte ich mich allzu gerne wieder abgewendet und abgelenkt, doch mein Leben schrie lauter und die irdischen Missstände zeigten mir auf, dass ich mich eine sehr lange Zeit nicht gut darum gekümmert hatte. Amado, der mir stets mitteilte, dass er nicht in mein Leben kommen kann, hatte mir sehr eindringlich den Spiegel vorgehalten.

So krempelte ich meine Ärmel hoch und wurde LEBENdig. Der Berg des Chaos war riesig, also nahm ich mir schrittweise die einzelnen Bereiche meines Lebens vor. Manches ging zügiger in die Ordnung, manches erforderte mehr Mut, mehr Absicht und mehr Einsatz von mir.
Die Inhalte meines Lebens waren vielfältig, so auch mein Chaos. So viel hatte sich angesammelt, so viel-zu-viel hatte ich verdrängt. Das war eine sehr intensive Zeit, die es mir ermöglichte zu erkennen, dass ich nicht nur das Chaos zu beseitigen hatte, sondern auch viele Bereiche meines Lebens vereinfachen und reduzieren muss.

Doch nichts davon konnte ich schnell wegzaubern. Zuerst musste ich mich jedem einzelnen Bereich zuwenden, und zwar gründlich und vollkommen.
Ich begann mit dem Bereich, der am lautesten schrie und das waren meine Finanzen. Die Erhaltungskosten meiner ruhenden Landwirtschaft erschlugen mich. Ich musste mein Leben kleiner gestalten, musste mich auf das Wesentliche fokussieren, auf das was ich wirklich in meinem Leben liebe, was mir wichtig ist.

Da ich in meinem Fall in meinem Leben viel zu viel erschaffen hatte, hatte ich auch viel, worum ich mich kümmern musste. Ich erspare es mir, die Einzelheiten zu beschreiben, stattdessen ermuntere ich Dich an dieser Stelle des Buches dazu, Dein Leben zu betrachten. Mit all seinen Inhalten.

Betrachte Dein Leben mit all seinen Bereichen und Inhalten, was davon ist für Dich wirklich von Wichtigkeit?
Welche Dinge Deines Lebens sind wirklich Herzensangelegenheiten und welche davon erfreuen Dich eigentlich gar nicht mehr? Was macht Dich wirklich zufrieden und was davon erhältst Du nur, weil Du meinst es tun zu müssen?

Ich erkannte damals, dass viele meiner materiellen Werte mich eigentlich nur noch belasteten. Dass all die Pracht, an der ich bis dato so festgehalten hatte, gar keine Pracht war. Doch war all das noch in seiner Form da.
Ich konnte es nicht einfach auflösen und das war auch gut und richtig so.
Jeder Bereich meines Lebens wollte wirklich gesehen und wertgeschätzt werden.

Was möchtest Du?

Dieser Prozess war sehr wichtig für mich, auch wenn ich ihn als besonders anstrengend und zeitintensiv in Erinnerung habe.
Ich erkannte was ich möchte und was ich nicht mehr möchte und weil ich das erkannte, konnte ich mich neu ausrichten.

Ich fragte mich: „Was soll Inhalt meines Lebens sein, welche Zustände möchte ich leben?"

Und so gab mir mein damaliger Lehrer eine Übung an die Hand, die ich Dir gerne weitergeben möchte:

Frage Dich: „Was in Deinem Leben begeistert Dich am Meisten?"
Und bevor Du gleich deinen Kopf fragst, lass es mich zuerst weiter ausführen...

Ich möchte nicht, dass Du nun Verstandeswörter suchst, sondern fühlst, welche Attribute Dich wirklich berühren.
Mit Attributen meine ich Lebensthemen, nach denen Du ausgerichtet bist.

Hier eine Auswahl:

Freiheit
Liebe
Lebensfreude
Frieden
Fülle
Dankbarkeit
Gelassenheit

...

Welche dieser Ausrichtungen, wenn du Dich und dein Leben betrachtest, sind Dir besonders wichtig?
Jedes dieser Grundenergien wird Dir gefallen, es geht auch nicht darum, sich für nur eines zu entscheiden. Doch wird eines dieser Gefühle am besten ausdrücken, was Dich in Deinem Leben aktuell am meisten begeistert.

Lasse dir Zeit...

Es gibt kein „richtig" oder „falsch". Kein „besser" oder „schlechter". Es sind ja nur Begriffe, die mit einem persönlichen Gefühl verbunden sind. Und eines dieser Wörter fühlt sich für Dich besonders strahlend an.

Für mich persönlich war es das Gefühl, welches ich in dem Wort „Freiheit" verbinde.
Freiheit in allen Lebensbereichen.
Das war das „schönste" Wort für mich. Vielleicht erhellt dich das Gefühl hinter dem Wort „Lebensfreude" mehr, oder das Wort „Frieden".

Ich erkannte, dass ich in dem Wort „Freiheit" alle anderen Attribute ebenso finden konnte, jedoch „Freiheit" den angenehmsten und stimmigsten Zustand in mir erzeugte. Das was ich mit dem Wort Freiheit verband, war gefühlt leuchtender und weiter als alle anderen Attribute.
Schau dir Deine Lebensbereiche an.

Welches Attribut, welches Gefühl möchtest du grundsätzlich in all Deinen Lebensbereichen immer und durchgehend maximal fühlen und somit erleben? Größtmöglich?
Beruflich, familiär, partnerschaftlich?

Vergleiche die Gefühle untereinander und spüre, welche Bezeichnung das stimmigste Gefühl in Dir auslöst? Nochmal, es sind nur Begriffe, die Dir einen Zugang verschaffen und einer dieser Begriffe ist dein Haupteingang. Er strahlt am meisten. Es geht dabei weniger um das Wort, als um das was Du damit verbunden hast.

Wenn Du bei einem dieser Attribute besonders schöne Gefühle fühlst...dann nimm das Wort und frage dich:

„Ist dieses Gefühl in allen meinen menschlichen Lebensbereichen, das Gefühl, welches mich am meisten begeistert?"

Und wenn es so ist, dann fühle, wie viele Bereiche Deines Lebens davon jetzt schon durchflutet sind.

Ich habe mir mein „Lieblingswort" damals aufgeschrieben und habe für mich ein „Brainstorming" gemacht. Ich nenne es jedoch lieber „Soul-storming".
Ich fragte mich: „Wie müsste ich mein Leben mitsamt aller Inhalte verändern, um mehr von diesem Gefühl erfahren zu können?"

In meinem Fall war es das Wort „Freiheit".
Freiheit machte ein weites, helles, warmes Gefühl in mir.
Was war Freiheit für mich? Es war ein Konglomerat an angenehmen Gefühlen, Bildern, Gedanken, Werten, Ausdrucksformen und Körperzuständen.

Ich schrieb mir auf, was Freiheit für mich persönlich bedeutete. Was ich damit verknüpft habe. Und so schrieb ich ein ganzes DINA4 Blatt voll, mit weiteren schönen Wörtern, die mein Gefühl von Freiheit ausdrückten.
So kannst auch Du Dich, wenn Du Dein Attribut gefunden hast, fragen:

„Was beinhält dieses Gefühl für mich?"

Gerne kannst Du Dir das aufschreiben, doch laß Deinen Verstand nur Übersetzer deiner inneren Bilder und Zustände sein.

Nimm Dir für diese Übung Zeit. Es soll keine mentale Wortsuche sein, kein reines Aufzählen einer maximalen Menge an Wörtern. Wenn Du keine Wörter findest, findest Du vielleicht Bilde, die Deinem Gefühl mehr Ausdruck verleihen. Oder vielleicht findest Du Musikstücke, die dazu passen, oder Farben. Du kannst auch Bilder verwenden und ein Vision Board gestalten.

Das ist keine Schulaufgabe, die Du in kürzester Zeit bestmöglich zu erfüllen hast. Die Übung bringt Dich eventuell Deiner Wahrheit näher und macht für Dich greifbarer, was Du wirklich möchtest und wer Du wirklich bist.
Deiner Kreativität und Zeit sind dabei keine Grenzen gesetzt!
Gib Dir Deinen Raum für diese Fragen und beantworte sie Dir in Deinem Tempo. Es sind tiefe Fragen, die eine Kettenreaktion an Erkenntnissen auslösen können.

Wenn Du für Dich herausfinden konntest, was Dir an einem der Attribute so besonders gut gefällt, dann frage Dich:

„Wie viel davon lebe ich schon?"
„Was in meinem Leben passt eigentlich nicht zu diesem Gefühl?"
„Was in meinem Leben kann ich so gestalten, dass es diesem Gefühl gerecht werden kann?"
„Welche meiner menschlichen Wünsche entspringen oder nähren dieses Gefühl?"
„Wie kann ich dieses Gefühl mithilfe meiner Talente als auch Vorlieben, am besten ausdrücken und leben?"
„Was mag ich gerne?"
„Was fällt mir ganz leicht?"
„Was kann ich besonders gut, ohne dass es mich anstrengt?"
„Was in meinem Leben basiert nicht oder zu wenig auf diesem Gefühl?"

__Eine Menge an Fragen, die Du mithilfe des Verstandes, zu Wort bringen kannst.__
__Fühle, erkenne und mache es dir bewusst!__
Für mich erkannte ich:

Alles war unwichtiger als die Freiheit. Ich könne auf alles verzichten, nur nicht auf die Freiheit!
Ja, ich war mir bewusst geworden. Frei und noch freier soll alles in meinem Leben sein. Mein Freigeist war geboren!

Doch war meine Realität alles andere als frei. Ich war gefangen und unfrei.
Ich hatte mich selbst gefangen.
Kein Wunder, dass ich ständig dem Irdischen entfliehen wollte und mich in Träumen verirrte.
"Ich möchte die Freiheit nicht träumen, sondern die Freiheit leben", schrie es in mir.

Mein Leben war ein Teppich an freien Gefühlen in Unfreiheit verknüpft. Fast alle Bereiche erdrückten mich und ließen mich erstarren. Einzig meine Kinder und meine Seelenpartner-Geschichte machten mein Leben locker. Die anderen Bereiche waren eine Ansammlung an irdischen Werten und Wünschen, die vielleicht aus einem Freiheitsgefühl heraus erschaffen wurden, mich jedoch langfristig zur Gefangenen machten.

„Das muss sich ändern", erkannte ich.
„Doch wie?"

Ich fand heraus, dass ich lange Zeit versuchte mir Freiheit zu erkaufen. Ich schaffte Materie an, die mir scheinbare Freiheit ermöglichte. Ich war frei, weil ich meine eigene Versorgung hatte, das eigene Essen anbaute. Ich war frei, weil ich ein großes Land besaß und viel freien Platz hatte. Ich war frei, weil ich wundervolle Ponys züchtete und damit ganz viele Menschen erfreute. Ja, Freiheit war Inhalt und doch machte es mich eigentlich unfrei.
Ich konnte nie länger verreisen, ich war gebunden an Verpflichtungen und Zeiten. Tageszeiten, Jahreszeiten, Tragezeiten, Geburtszeiten, Arbeitszeiten und musste in diesem Hamsterrad laufen, welches mir nur ganz wenig Freiheit gab.

Mir fiel es wie Schuppen von der Seele.

All das, was ich bisher als frei betrachtete, war gar nicht frei. Ich war Knecht meiner eigenen Schöpfung, Gefangene meiner Umstände die ich selbst, ganz alleine und freiwillig erschaffen hatte.

Was Dich wirklich glücklich macht

Also fasste ich Mut und es war viel Mut erforderlich und änderte nach und nach meine Umstände. Alles was um-mich-stand, somit in meinem Leben stand, schaute ich mir genauer an.

Immer wieder reflektierte ich: „Ist es das, was mich wirklich frei macht? Will ich das? Brauche ich das? Macht mich das wirklich glücklich?"

„Naja". fühlte ich, „Es macht mich schon auch glücklich, aber so richtig wirklich glücklich? Nein, das bin ich nicht!"

So reduzierte ich meine Ponyzucht und nein, das fiel mir nicht leicht. Denn jedes Tier liebte ich. Doch waren es zu viele. Was einst aus Liebe begann, wurde zu einer Last. Ich konnte dem was ich liebte, gar nicht mehr gerecht werden. So suchte ich liebevolle neue Zuhause für viele meiner Tiere. Das erforderte seine Zeit und außerdem weiterhin Geld der Erhaltung, wovon ich viel zu wenig hatte.

Ich erkannte, dass menschliche Freiheit auch finanzielle Freiheit braucht, welche ich damals nicht hatte. Ich verschob ständig die notwendigen Mittel um alles erhalten zu können. Die Einnahmen waren zu gering, um das Leben in dieser Form zu erhalten.

Es war sehr herausfordernd.

Was mich damals wirklich glücklich machte, war über meine Erfahrungen zu schreiben. Immer mehr Menschen, die meine Geschichte via Facebook verfolgten, suchten Rat bei mir. Sie begleiteten mich und erkannten, dass ich einen Weg gehe, der ihrem ähnelte und ich Erfahrungen habe, die ihnen weiterhelfen konnten. So riefen mich immer mehr Menschen an, um ein Beratungsgespräch zu buchen. Ich liebte diese Arbeit und stürzte mich in Ausbildungen um meine Anrufenden und die Leser meiner „Blogs", noch besser unterstützen zu können. In diesem Jahr machte ich unzählige Ausbildungen und verknüpfte mein Wissen mit dem Wissen, welches ich über all die Jahre bereits erlernt hatte. So konnte ich Inhalte der Systemischen Ordnung, welche ich 20 Jahre zuvor erlernte, mit meinem Wissen der Montessori-Pädagogik, dem Wissen der Anthroposophie und Pflanzenkunde, der Quantenphysik und dem Mentaltraining, mit den neuen Ausbildungsinhalten verbinden.

Währenddessen kümmerte ich mich um meine Altlasten und Baustellen. Baute auf der einen Seite nach und nach alles ab, was mich unfrei machte und baute gleichzeitig auf, was mich frei und somit glücklicher machte.

Gleichzeitig staunte ich, dass es mich nie ermüdete Menschen zu beraten oder meine Ausbildungen zu machen, es mich jedoch unendlich erschöpfte, mich mit dem zu beschäftigen, was ich all die Jahre zuvor gemacht hatte.
Das war alles sehr wichtig für mich.
Ein ganz wichtiger Schritt zur Lösung und positiven Veränderung war, dass mir das glasklar bewusst wurde.

Meine Gemüselandwirtschaft, die ich einst mit meinem Mann begonnen hatte, war vorbei, die Ponyzucht war reduziert. Das Geld war ständig knapp und der materielle Besitz beengte mich. Es ging nur langsam voran. Ihn hatte eine landwirtschaftliche Hilfskraft, ohne deren Hilfe ich niemals die Zeit gehabt hätte, herauszufinden was ich anders haben möchte. Sie entlastete mich und obwohl ich sie jedes Monatsende mit Ach und Krach bezahlen konnte, bescherte mir ihre Hilfe mehr Freiheit in meiner Entwicklung.
Sie kümmerte sich um die noch bestehenden Tiere und um das Land, während ich mich ganz um meinen Beruf als Coach, meine Kinder und meine Ausbildungen kümmern konnte.

So schrieb ich und coachte und lernte. Gleichzeitig löste ich mich selbst weiter und weiter aus meinen mich hemmenden Mustern & Verstrickungen.
Ich war ganz und gar mit der Umsetzung meines Lebens beschäftigt, mein Seelenpartner war in weiter Ferne und ich hatte mich damit abgefunden, dass er nicht wiederkommen würde.

Das Wiedersehen

Viele Monate waren vergangen, als sein Auto in meiner Einfahrt parkte. Ich wusste, dass er in meiner Umgebung zu tun hatte und natürlich hatte ich den einen oder anderen Hoffnungsgedanken ihn zu sehen, doch traute ich mich nicht ihn zu fragen. Ein weiteres „Nein, ich kann nicht!“, wollte ich nicht mehr hören, also schwieg ich, bemerkte aber meine innere Unruhe, ihn in meiner geographischen Nähe zu wissen.

Es war ein früher Sommerabend, als sein Auto um die Kurve bog, mit einem Schwung in meine Hauseinfahrt. Den Augenblick werde ich mein Leben nicht vergessen, ich fühlte tiefe Freude und gleichzeitig fühlte ich mich wie gelähmt. In dem Augenblick hatte ich Mühe meinem visuellen Sinn zu trauen. Der Mann, den ich Monate lang nur gehört oder gelesen hatte, stand nun leibhaftig vor mir.

So vertraut seine Stimme auch war, meine Augen mussten diese Bilder erneut mit der Stimme verknüpfen. Ich fühlte mich wie die Frau eines Kriegsheimkehrers. Er war mir fremd und gleichzeitig unheimlich vertraut.
Amado war voller Liebe und Freude und tastete sich achtsam in meine Richtung. Immer noch stand ich regungslos da, konnte nicht glauben was ich sehe, obwohl mein Herz vor Freude hüpfte.

Ich dachte nun wäre es geschafft, da ist er nun, meine wahre Liebe.
Ein schöner Gedanke, der wenige Stunden erfüllt blieb. Früh am Morgen verließ er das Haus mit den Worten „Nun wird es nicht mehr so lange dauern bis wir einander wiedersehen!“

Du kannst Dir vorstellen, wie ich mich fühlte. „Endlich!“, dachte ich, "Endlich habe ich es geschafft!"
Ja, ein wenig hatte ich schon geschafft, doch war es nur eine wundervolle Momentaufnahme, ein paar wundervolle Stunden meines Lebens.
Ich hatte die Liebe, so dachte ich, in mein Leben gezogen. Ja, das hatte ich wohl, aber nur kurz und nicht anhaltend.

Es folgte ein wochenlanges Gefühlshoch, welches erneut abflachte, nachdem mir klar wurde, dass sein Versprechen bald wiederzukommen, nur aus seinem momentanen Glücksgefühl ausgesprochen wurde.

Ich fühlte mich benutzt. Missbraucht. Verarscht. Ich wurde erneut wütend und am meisten auf mich selber. Ich war erneut in den Strudel der Emotionen geraten und fühlte mich unwichtiger als je zuvor.

Ich bin wichtig!

Ich kann mich nicht mehr erinnern, wie oft mir dieser Mensch das Gefühl gab, nicht wichtig genug zu sein, doch weiß ich heute, dass Amado mir dieses Gefühl nur geben konnte, weil ich mich selbst nicht wichtig genug nahm.
Ich nahm meinen SCHEIN wichtig, meine äußere Schönheit, mein äußeres Frausein, mein Wissen, meinen Verstand. Doch mein SEIN war mir immer noch nicht wichtig genug.

Das zeigte er mir, eindringlich und vehement.
Egal wie ich mich gab, es war nie genug, um ihn in mein Leben zu ziehen. Egal wie schön meine Worte waren, egal wie geduldig ich war, ganz gleich wie sanft oder liebreizend ich war. So wie ich war, war ich nicht gut genug, dachte ich.

Erneut versuchte ich mich trotzig abzuwenden und brach den Kontakt ab. Ich windete mich wie ein Aal, blockierte alle virtuellen Zugänge und erzählte mir, dass Amado schlecht für mich sei. Ich beleidigte ihn mit den wüstesten inneren Worten, erhob meinen Hochmut und tat ihn ab und nannte ihn einen Angsthasen. Für mich stand fest, er sei ein Mann, der Angst vor der wahren Liebe hatte, ein Feigling und ein Blender.

Ja, so war es und es war wirklich wichtig auch diese Phase zu erleben. Es brachte mich erneut tiefer zu mir, doch zuerst näher zu meinem Widerstand. Dem Hochmut und dem Hass auf Männer.

Der Hochmut

Der Hochmut ist eine sehr erhabene Eminenz. Eine Wesenheit, die in diversen Formationen in uns lebt. Der Hochmut ist ein Zustand, der sich über andere stellt. Über andere Menschen, Meinungen, Institutionen, Lehren, Verhaltensweisen, Gefühlen, usw. Mal tut der Hochmut das mithilfe der Wut und bösen Worten. Mal tut sie das mit illusorischem Heiligenschein. Der heilige Schein bleibt nur ein Schein, auch wenn er manchmal lichtvoll und spirituell strahlt. Ich habe in meinem Leben alle Formen des hohen Mutes erlebt und gefühlt, heute habe ich für mich erkannt, dass es nur hoch ist aber weniger mit Mut als mit Angst zu tun hat.

Nachdem Amado mir erneut das Gefühl gegeben hatte, in meinem Frausein unwichtig zu sein, platzte es aus allen Poren. Ich war wirklich empört. Meine Wut galt den Männern, allen Männern an sich. Mit meiner Empörung hätte ich in die Zeit der kämpferischen Emanzen gepasst. Mit dieser Kraft hätte ich tausende Frauenrechtlerinnen motivieren können.
Mein System tobte.

Doch war dieses Toben anders als die Wut, die ich bereits integriert hatte. Sie war weiblicher. Ich fühlte mich nicht als Mensch abgelehnt, wie noch Monate zuvor, sondern ich fühlte mich als Frau abgelehnt. Ich fühlte mich benutzt. Meiner Liebe beraubt. Ungeliebt und unbegehrt als weibliches Wesen. Ich fühlte keine Traurigkeit, nur unbändige Wut auf diesen Mann, nein, auf alle Männer! Wie ich schon schrieb, blockierte ich alle Kontakte und lief davon. Floh vor der Männerwelt, wie ein weiblicher Ritter, der im Sonnenuntergang davongaloppierte.

Nie wieder wollte ich diesen Menschen hören, noch lesen. „Hinfort mit ihm!"

Diese Gefühle und Gedanken ermöglichten zu erkennen, dass meine Meinung über Männer nicht die beste war. Ich erkannte, dass ich Zeit meines Lebens das Männliche nicht für „voll" nahm. Männer waren toll und wichtig, ich liebte das Männliche sehr, doch in Wahrheit sah ich eigentlich darauf herab.

Ich traute ihnen weniger zu als uns Frauen. Das erkannte ich auch im Umgang mit meinen drei Kindern. Meiner Tochter traute ich mehr zu als meinem vier Jahre älteren Sohn.
Einmal sagte meine damals Elfjährige zu mir: „Gell Mama, wenn ich schon mit dem Auto fahren könnte, würdest Du mich auch zum Supermarkt schicken, damit ich Deine Einkäufe erledige und meine Brüder behandelst du immer noch wie Babys."

Das war eine Ohrfeige der Wahrhaftigkeit!
Ja, sie hatte Recht! Ich bemerkte gar nicht, dass ich allen Männern meines Lebens ihre Entscheidungen, Meinungen oder Wahrheiten nicht zugetraut hatte, jedoch von Frauen, inklusive meiner Tochter und mir, alles erwarten und fordern konnte.

Zu meiner Tochter war ich strenger, von ihr forderte ich mehr.
Ich empfand sie als klüger und gewandter. Sie war nur ein Spiegel von meinem inneren Bild der Weiblichkeit. Ihre Bemerkung traf mich wie ein Donnerschlag.

Das wollte, nein, das MUSSTE ich ändern! So wollte ich als Mutter und erstes weibliches Vorbild nicht sein. So ein Frauenbild wollte ich nicht weitergeben, das musste unbedingt verändert werden!

Also begab ich mich erneut zu meinen Lehrern und erforschte das Männliche als auch das Weibliche in mir, mitsamt aller Fehlverknüpfungen. Schon aus meinen früheren Ausbildungen der asiatischen Lehren, wusste ich, dass allem sowohl männliche als auch weibliche Energie innewohnt und diese Energien in jedem von uns im Ausgleich sein sollten. Sind sie es nicht, werden diese Disharmonien im Außen gespiegelt. Am Eindringlichsten in der Partnerschaft.

So wendete ich mich nach innen und besuchte meinen inneren Mann und meine innere Frau. Zwei Bereichen in mir, denen ich mein nächstes Kapitel widme.

Der innere Mann & die innere Frau

Der innere Mann, als auch die innere Frau, wie auch weitere innere Anteile, sind nichts anderes als Teile deiner Seele. Erinnerst du dich an meine Metapher mit dem Spinnennetz? Sie sind Teile des Spinnennetzes. Sie gehören also zu deiner Essenz, Deiner Gesamtheit - zu dem was du BIST.
Sie beinhalten bestimmte Fähigkeiten, also Attribute und haben nichts mit dem Mann oder Frau sein zu tun. Sie sind Aspekte von Dir, die wenig mit dem zu tun haben was wir Menschen als „Mann" oder „Frau" bezeichnen.

Du kannst Dir gerne diese Anteile von Dir als männliche und weibliche Wesen vorstellen, doch bitte tu dies nur, um einen besseren Zugang zu ihnen zu bekommen, denn nochmal: Es sind nur Anteile von Dir und nicht ein Mann oder eine Frau in Dir.

Das Feld des „Inneren Mannes" trägt wichtige Attribute. Wenn dieses Feld frei schwingt, in seiner Ursprünglichkeit, ermöglicht es Dir unter anderem folgende Fähigkeiten:

Den Mut
Die Kraft
Die Ordnung & Struktur
Die Zielstrebigkeit
Die Klarheit
Die Willenskraft
Die Dynamik
Die Aktion & Reaktion
Die Tatkraft
Die Sicherheit
Den klaren Verstand
Die Logik
Die Analyse
u.v.m.

Diese Fähigkeiten findest Du nicht nur in Deinen mentalen oder emotionalen Bereichen, sondern auch auf organisch-biologischer Ebene. Alle körperlichen Teile in Dir, Organe, Nerven, Gefäße, Muskeln, Knochen, Zellen, ja sogar Dein Mikrobiom, besitzen Fähigkeiten, die aus dem eher männlichen, oder eher weiblichen Feld in Dir entspringen.

Das Feld der „inneren Frau" trägt genauso wichtige Attribute. Wenn dieses Feld frei in dir schwingt, in seiner Ursprünglichkeit, ermöglicht es dir den Zugang zu folgenden Fähigkeiten:

Gefühl & Empathie
Zugang zur Seele
Intuition
Kreativität
Sanftmut
Weichheit
Das Einlassen & SEIN lassen
Das Nährende
Die Geborgenheit
Die Passion
Den Genuss
Die Musse
Die Hingabe
Das Mitgefühl
Die Achtsamkeit
Die Vernunft
u.v.m

Du erkennst also, diese beiden Anteile sind unermesslich wichtig für alle Menschen, ganz gleich welchem biologischen Geschlecht sie zugehörig sind.

Nun lade ich Dich dazu ein, Dir einmal bewusst zu machen, was du mit den Worten „männlich" & „weiblich" abgespeichert hast. Du wirst dadurch erkennen, dass Du einige

Verhaltensweisen abgespeichert hast, die nichts mit männlicher, noch mit weiblicher Energie zu tun haben.

Was hast Du mit dem Wort „männlich" abgespeichert?
Was wurde Dir als Kind, direkt und/oder indirekt, über das Männliche und Weibliche gelehrt?
Was hast Du als „weiblich" abgespeichert?
Was hast Du in Deinen ersten Prägejahren durch Frauen oder Männer als „typisch" männlich oder „weiblich" erfahren? Was hat Deine Generation Dir über das „männlich oder weiblich Sein" beigebracht?

Fühle und erkenne und schreibe es Dir auf.
Mach Dir eine Liste und nimm Dir dafür Zeit. Du hast keine Eile!
Erkenne, dass das was Du erfahren, gefühlt und vorgelebt bekommen hast, Attribute der Dualität und menschlichen Verwechslung waren, also das was auf diesem Planeten von Männern oder Frauen gelebt wurde, jedoch wenig mit dem UR-Weiblichen oder UR-Männlichen zu tun hat.

Du kannst dir anhand meiner Erzählungen vorstellen, was ich als weiblich abgespeichert hatte.
Weiblich zu sein hieß für mich: „Ich muss stark und hart und tapfer sein. Ich schaffe alles und halte alles aus. Ich muss gefühlvoll als auch allwissend sein, muss kämpfen, um zu überleben und immer mehr können als die Männer, damit man mich sieht und ich ihnen ebenbürtig bin."

Ich weiß nicht, wie Deine Geschichte Dich prägte und wie Du das „Weibliche" erfahren durftest. Ich vermute, dass es vielleicht wenig mit den echten weiblichen Attributen gemeinsam hat.

So werden auch die männlichen Attribute Deiner Liste von dem abweichen, was mit „wahrer Männlichkeit" gemeint ist. Vielleicht findest du Wörter wie „Dominanz, Wut, Strenge, Härte, Macht, Kälte" oder ähnliches auf Deiner Liste.

Erkenne, dass all das nicht die Wirklichkeit ist, nur die Realität jenes Bewusstseins ist, in dem Du aufgewachsen bist und in der Du geprägt wurdest. So wurden alle Generationen durch ihre Geschichte, Zeit, Umfeld, Begebenheiten, politischen Strömungen und Gesellschaft geformt.

Jene Kinder, die eine scheinbar alleskönnende, starke, kämpfende jedoch emotionsarme Mutter (oder Ziehmutter) erlebten, werden unbewusst das „Frausein" damit verknüpft haben. So auch, wenn sie die Mutter als krank, schwach, sentimental, depressiv, überschwänglich, laut oder herrschsüchtig wahrgenommen haben. Dies soll keine Schuldsuche sein, noch bewertet werden, es war einfach so, weil es so war.

In meiner Familie waren alle Frauen stark wie Ritterinnen. Nichts konnte sie klein kriegen! Sie jammerten nicht und wenn doch, dann schluckten sie das hinunter. Mit oder ohne Pille. Sie waren wie Panzer. Sie wüteten oder kämpften, sie leisteten Widerstand und wenn das nicht mehr ging, flüchteten sie. Sie waren Löwenmütter und Kriegerinnen, Amazonen und Königinnen. Sie waren schön, anmutig, gepflegt, dem Mann dienend und wissend, dass sie keinen Mann brauchen, um durchs Leben zu kommen. Sie wollten unabhängig sein und frei.
Natürlich gab es in meinem Stammbaum auch andere Frauen, doch meine direkten Vorfahrinnen waren alle auf ihre Art und Weise Kämpferinnen.
Als meine Oma mütterlicherseits sich im zweiten Weltkrieg vor den russischen Soldaten aufbäumte, die gerade dabei waren, den Wiener Gemeindebau zu stürmen, nahm sie all ihren Mut und Hochmut zusammen und täuschte die Soldaten mit der Lüge, dass deren Kommandant bei ihr zu Besuch sei und er es sicherlich nicht dulden würde, dass seine Soldaten jetzt die jungen Frauen aufsuchen möchten. Meine Urgroßmutter väterlicherseits, floh mit allen Kindern aus der Ehe mit einem masochistischen Mann. So konnte sie ihr Leben und das der Kinder schützen.
Obwohl mein Vater verstarb, gelang es meiner Mutter all das zusammenzuhalten und zu schützen, was er hinterlassen hatte. Niemals beklagte sie sich oder brach zusammen. Es war diese Zeit, in der die Frauen keine Attribute wie Sanftmut oder Weichheit brauchen konnten, denn es ging oft ums nackte Überleben und dabei waren sanfte Gefühle hinderlich.

Die Männer in meiner Familie waren irgendwie nie wirklich emotional anwesend. Zumindest in meiner Betrachtung nicht. Wenn sie da waren, waren sie klug, begeisternd, sportlich, erfolgreich, höflich und gleichzeitig war ihre Anwesenheit auch irgendwie anstrengend oder erdrückend. Frauen mussten so sein wie es die Männer wollten und sie mussten aushalten, dass Männer eben mühsam sind. Ich empfand Männer als schwach und Frauen als stark. In meinem Umfeld kannte ich nur Frauen die Dinge taten, damit der Mann glücklich ist und die Frauen somit ihren Frieden hatten.

So war es in mir geprägt worden. Ich war mir bis dato dessen gar nicht bewusst und weil ich das in mir so abgespeichert hatte, und es eine unbewusste innere Haltung von mir war, erlebte ich dies auch genauso im Außen.

Als ich zum ersten Mal mit meinem Inneren Mann und meiner Inneren Frau in Kontakt trat, konnte ich im Inneren das erkennen, was ich im Außen mit meiner aktuellen Distanzpartnerschaft erlebte.

Mein innerer Mann war von großer Gestalt, ein wahrer Athlet. Doch blickte er mir nicht in die Augen. Seine Schultern hingen und er schien betrübt. Ich fühlte seine Abwesenheit, als ob er schlafen würde. Ich sah ihn an und bekam Mitgefühl mit ihm. So ein prachtvoller Kerl, dachte ich und trotzdem so abwesend und schwach. Er gab mir das Gefühl, von mir nicht gebraucht zu werden, er fühlte sich von mir weder gesehen noch wichtig genug. Er wäre so gerne wichtig für mich, teilte er mir mit und er könne mir in meinem Leben so viel helfen. Ich fragte meinen inneren Anteil, was er von mir bräuchte und das war der Moment, als ich das Gefühl bekam, er würde den Kopf erstmalig anheben. Ich sagte ihm, dass es mir leidtäte, dass ich ihm das Gefühl gegeben hätte nutzlos zu sein. Das stimmte ihn milde und erfreut. Er gab mir zu verstehen, dass er gerne einen Platz in meinem Leben hätte, er könne mich unterstützen und mich schützen, mir Mut machen und mir helfen mein Leben zu ordnen. Ich sagte ihm, dass ich das gerne wolle und fragte ihn, was er dazu von mir braucht. Er sagte mir, dass er nur meine Wertschätzung möchte, meine Liebe und Anerkennung. Dass ich wissen soll, dass es seine Energie ist, die mir dabei hilft, die männlichen Attribute zu leben und er sich einzig und alleine gesehen fühlen möchte.
Ich versicherte ihm, dass ich dies machen werde und bedankte mich bei ihm.

Meine innere Frau erschien mir wild und lebendig. Sie war schön, ungestüm doch gleichzeitig unheimlich erschöpft. Bis unter die Zähne bewaffnet, stand sie vor mir, aufrecht, hart und kämpferisch. Eigentlich hatte sie eine sehr feminine und zarte Gestalt, doch vor meinem inneren Auge spielte sie die Heldin. Sie beschwerte sich bei mir und fragte mich, was sie denn nicht noch alles tun solle. Nie wäre es genug, nie würde ich ihr, Erholung gönnen. Sie würde gerne mal genießen und entspannen und wo sei überhaupt der innere Mann? Wie eine Magierin wütete sie, obwohl sie eigentlich erschöpft und müde war. Ich fragte auch sie, was sie von mir möchte und sie teilte mir mit, dass sie Ruhe braucht. Sie möchte ein schönes Bad genießen mit Duft und Musik, etwas Kerzenschein und anschließendem Erholungsschlaf. Sie wolle nicht mehr kämpfen und auch nicht streiten, sie macht es nur, weil ich es so wollte. Ich versprach diesem Anteil das Erwünschte und verabschiedete mich von ihr.

Erstaunt erkannte ich die Parallelen.
So wie sich meine innere Frau fühlte, so fühlten sich viele Frauen in meiner Familie. Sogar meine eigene Tochter beklagte sich. Und so wie es meinem inneren Mann ging, erlebte ich die Männer.
Abwesend, kraftlos und schlafend.

Ja, das wollte ich ändern, dachte ich mir und ich begann gleich damit die Badewanne zu füllen und das Aroma-Öl zu suchen. Ich hatte wirklich schon lange nicht mehr entspannt, erkannte ich. „Das werde ich ändern!", entschied ich mich.

Diese Übung wiederholte ich viele Male und noch heute stelle ich mir immer mal wieder diese Anteile in mir vor. Sie haben sich im Laufe der Jahre immer wieder gewandelt und haben sich zufrieden in mir integriert.

Ab diesem Moment wurde ich achtsamer und beobachtete mein Tagesverhalten. Nun hatte ich einen direkten Zugang zu diesen beiden Anteilen in mir und stellte sie mir mit meiner Vorstellungskraft wie unsichtbare Begleiter vor. Wenn ich die männlichen Attribute brauchte, verband ich mich bewusst mit „Patrick" (er ähnelte in meiner Vorstellung dem Schauspieler Patrick Swayze) und wenn ich mich meinen weiblichen Anteilen widmete, mit „Rosalie" (der Name gefiel mir einfach).

Ich möchte Dir an dieser Stelle nochmal schreiben, dass Du Dir diese Anteile nicht vermenschlichen musst. Mir half es einfach, um mich mit ihnen zu verbinden. Doch stelle sie Dir bitte nicht wie Personen deines Lebens vor, es sind Anteile deiner Seele.

Das Spannende war, nachdem diese beiden Energiefelder erweckt, versorgt und mit meiner Aufmerksamkeit und Wertschätzung genährt wurden, veränderten sich die Männer und Frauen in meinem Umfeld.

Irgendwann werden Deine inneren Anteile ziemlich gut integriert sein und Du wirst sie nicht mehr getrennt von Dir erleben, sondern sie als Selbst-Anteile und eigene Fähigkeiten wahrnehmen.

Das Umfeld ändert sich

Ich weiß nicht mehr wie schnell ich bemerkte, dass sich mein Umfeld änderte. Es war auf jeden Fall schneller als erwartet. Auf einmal begegneten mir die Menschen anders. Männer zeigten sich plötzlich präsent und hilfsbereit und Frauen waren sanfter und liebevoll mit mir. Sogar meine Tochter erschien mir weicher denn je, sie hatte ihr „Ronja Räubertochter" Verhalten abgelegt.
Egal mit welchen Menschen ich zu tun hatte, alle erschienen mir gegenüber freundlicher und achtsamer.

Ich konnte das kaum glauben und wollte es testen, also suchte ich wieder den Kontakt zu Amado. Mir war es peinlich, all die virtuellen Blockaden wieder aufzuheben und dann noch aktiv in Kontakt zu treten. Mein innerer Mann versorgte mich mit Mut und meine innere Frau half mir mit sanften Gefühlen, „Patrick" half mir klare Worte zu finden, „Rosalie" machte die Worte fühlbar. Wir waren mittlerweile ein gutes Team geworden.

Amado antwortete sofort auf meine Nachricht. Er freute sich von mir zu lesen. Ich erkannte an seiner Art zu schreiben, mehr Klarheit und Offenheit. Die diffusen Zauberwörter, die ich stets zu interpretieren versuchte, waren verschwunden.

Wir schrieben wie eh und je hunderte Nachrichten und telefonierten viele Nächte. Ich war erstaunt, wie sich meine Wahrnehmung gewandelt hatte und somit auch meine Reaktionen.

Ich hatte nicht mehr das Bedürfnis mein männliches Gegenüber zu kritisieren oder ihn zu bewerten, auch wenn mir nicht alles gefiel was ich hörte oder las.

Ich begann seinen Worten zu vertrauen, auch wenn darauf keine Taten folgten.

Zur selben Zeit beobachtete ich, dass andere Männer meine Nähe suchten und auch wenn ich kein partnerschaftliches Interesse hatte, erkannte ich an dem Verhalten dieser Männer, dass ich wohl meine Resonanz verändert hatte.

Diese Männer haben mir dabei geholfen, zu erkennen, dass sich etwas an und in mir gewandelt hatte. Sie haben mir auch gezeigt, welche Themen in mir noch mehr Aufmerksamkeit benötigen.

Es traten gefühlvolle, liebende Männer in mein Leben, die für eine gemeinsame Partnerschaft bereit gewesen wären. Männer, die die männlichen wie weiblichen Attribute gut integriert hatten und mir sehr freundlich und liebevoll begegneten.

Zu dieser Zeit war ich jedoch nicht bereit für eine neue Beziehung, war ich emotional doch noch viel zu sehr an Amado gebunden.

Der magische Zauber

Amado blieb, trotz unserer schönen Kommunikation, in der Ferne. Ich hatte mich daran gewöhnt. Wir hatten reichlich Kontakt, der mir das Gefühl gab, dass er mich liebt und sich eine gemeinsame Zukunft mit mir wünscht. Wir kommunizierten sehr offen, waren einander sehr vertraut und konnten stundenlang plaudern und unsere gemeinsame Zukunft erträumen. Meine körperliche Unzufriedenheit blieb aus, sie war erfüllt mit meinem beruflichen Leben.

Mittlerweile hatte ich damit begonnen Videos zu machen. Videos in denen ich über meine Erfahrungen sprach. Sie waren und sind auf YouTube zu sehen und begeisterten viele Menschen. Immer mehr Menschen riefen mich an und buchten ein Telefongespräch. Teilweise arbeitete ich sieben Stunden pro Tag, in denen ich Menschen im deutschsprachigen Raum unterstützte. Das erfüllte mich und tut es noch bis heute.

Da ich kaum Zeit hatte mich um eine gelebte Partnerschaft zu kümmern, machte es mir auch nichts mehr aus Amado nicht zu sehen. Wir reflektierten unsere Entwicklung gemeinsam am Telefon und wir erzählten uns von unseren Leben. Amado, der unglaublich reflektiert und emphatisch ist, stand mir mit Rat und Ideen zur Seite. Wir beflügelten einander und staunten, wie synchron wir uns weiterentwickelten. Wir liebten einander nicht nur, wir waren auch echte Freunde.

Leider hielt die Harmonie nicht lange, den durch einen heftigen Widerstand wendete sich das Blatt erneut.

Ich kann mich heute nicht mehr an die Details erinnern und weiß nicht mehr genau was gesagt oder geschrieben wurde. Ich weiß jedoch, dass er etwas zu mir sagte, was mir das Gefühl gab ein kleines dummes Kind zu sein.
Ich war fuchsteufelswild und als er dann noch scherzhaft meinte „du kleiner Zwerg", explodierte ich.

„Wasssss? Kleiner Zwerg?" Sagte ich. Mein Gegenüber wusste gar nicht warum ich mich so aufregte, hatte er das doch liebevoll und scherzhaft gemeint. Das wusste ich auch, doch konnte ich meine Emotionen nicht regulieren. Ich fühlte mich nicht ernst genommen und war heftig erregt.
Wie wenn sich mit einem Mal Nebel um mein Gemüt gelegt hätte, fühlte ich mich wie ein törichter Wurm vorm großen Hexenmeister.
„Na bumm", dachte ich, während ich wie ein „rumpelndes Stilzchen" implodierte. Mein Gegenüber, entsetzt von meinem „Tohuwabohu", beendete zügig das Telefongespräch.

Da stand ich nun und fühlte mich wie der dumme kleine Zauberlehrling vor dem großen Meister der Magie. Ich konnte nicht verstehen was geschehen war, ich fühlte nur unendliche Kleinheit und ein Gefühl des „nicht ernst genommen Werdens".

Mittlerweile wusste ich, dass dieser Zustand nicht die Realität war. Dass irgendeine alte Erinnerung aus mir emporgestiegen war, um sich nun über meine Seelenoberfläche sichtbar zu machen. Mit dem Bewusstsein, dass es eine reine Illusion war, durfte ich mich dem Thema widmen. Es wegzudrücken oder zu leugnen, wäre sinnlos gewesen, zu heftig waren meine Widerstände.

Ich schloss meine Augen und setzte mich auf den Fußboden meines Wohnzimmers. In meiner Vorstellung sah ich ein männliches Wesen vor mir stehen. Magische Szenen zeigten sich in meiner Vorstellung. In diesen Bildern sah ich eine Magierin und einen männlichen, magischen Meister. Die Bilder, die ich vor meinem inneren Auge sah, waren so verwirrend, dass sie schwer in Worte zu übersetzen sind. Ich ließ einfach geschehen. Die Atmosphäre war kämpferisch. Ein Kampf der Geschlechter. Wie wenn das magisch Weibliche mit dem magisch Männlichen kämpfte. Das Männliche unterdrückte das Weibliche. Das Weibliche zürnte. Das Männliche belächelte das Weibliche. Das Weibliche fluchte.
Auch wenn ich nicht sofort verstand, was meine innere Vorstellung mir mitteilen wollte, verstand ich den Hinweis dieses inneren Erlebnisses.

Ich folgte meinem Impuls und konzentrierte mich auf meine Atmung. Ich ließ meine Gefühle hochkommen, nahm sie als gegeben an und atmete sie mit einem langen Atemzug aus. Es dauerte eine Weile, bis ich die tiefe Bereitschaft hatte diese Emotionen loszulassen. Es waren wirklich alte Verknüpfungen des Ungleichgewichts zwischen männlichen und weiblichen Strömen. Und doch wurde mit jedem Atemzug das Gefühl leichter, bis ich wahrnehmen konnte, dass das männliche Wesen in meiner Vorstellung, immer kleiner und sanfter wurde, bis es mit dem weiblichen Wesen auf Augenhöhe war.

Nach etwa dreißig Minuten fühlte ich eine große Erleichterung. Auch wenn ich bis heute mit dem Verstand nicht verstehen kann, was damals passierte, konnte ich destruktive Strukturen aus meinem System entlassen.

Nach diesem Abend fiel ich todmüde zu Bett.
Am nächsten Tag meldete ich mich bei Amado. Er nahm die Sache nicht allzu ernst, obwohl mein Verhalten ihn doch etwas verwirrt hatte. Ich sagte ihm, dass es mir leidtut und nachdem er verstand, dass es nichts mit ihm zu tun hatte, konnte er das Thema auch sein lassen.

Das Gefühl verrückt zu sein

In dieser Zeit hatte ich nicht nur einmal das Gefühl nicht ganz dicht zu sein. In meinem Bekanntenkreis gab es niemanden, der Ähnliches durchgemacht hatte. Ich fühlte mich vollkommen gebeutelt von meinen Impulsen und Emotionen und war definitiv emotional instabil. Die Psychologie hätte wahrscheinlich die einen oder anderen Akzente einer Persönlichkeitsstörung diagnostiziert und ja, es fiel mir manchmal wirklich schwer meine Emotionen zu regulieren.

Mein Freundeskreis, der voller Liebe und Verständnis für mich war, konnte meine wechselnden Zustände nicht verstehen. Auch meine Familie verstand mich nicht.
Da ich zuvor niemals so labil und vulnerabel war wie zu jener Zeit, wunderten sich meine Freunde über meine plötzlich auftretende Instabilität.

Sollte es Dir ähnlich gehen wie es mir damals erging, möchte ich Dir wieder schreiben, dass Du nicht alleine bist, auch wenn Du Dich vielleicht sehr oft alleine fühlst.

Während meine Freunde und Bekannten beschauliche und normale Leben lebten, stabil und in geordneter Struktur, wirbelten Gefühlsstürme durch meine Innenwelt. Ich fühlte mich wund, instabil, sprunghaft, launisch und zerbrechlich.

Ich konnte meine Emotionen nicht mehr regulieren und litt unter häufig wechselnden Stimmungen.

Nachdem ich bemerkte, dass ich irgendwie „anders" war, entzog ich mich meinem Freundeskreis und auch meiner Familie. Halt fand ich in meinen Ausbildungen und in meiner Arbeit mit Menschen, denen es so erging wie mir. Mein Therapeut, der mich achtsam durch all diese Phasen begleitete und mir dabei half meine Emotionen zu verstehen, unterstützte mich in dieser Wandlungsphase.

Auch an dieser Stelle möchte ich Dich erneut daran erinnern, dass solltest Du das Gefühl haben Deine Emotionen nicht regulieren zu können, es wichtig ist therapeutische Hilfe anzunehmen.

Ich hatte das Gefühl nicht hierher zu gehören, ich fühlte mich fremd in dieser Welt. Wenn ich meine Freunde und Bekannten erlebte, in ihren scheinbar oberflächlichen, gewöhnlichen Beziehungen, fühlte ich mich wie ein schräger Vogel. Mich ernüchterte das weltliche und einfache, praktische Leben.
So flüchtete ich mich in die Spiritualität und beschäftigte mich noch intensiver mit feinstofflichen und transzendentalen Themen. In meinem Kopf regierte ein endloser Philosoph und ein spiritueller Denker, die mir das Leben bunter erzählten, als es war.

Vielleicht kennst Du das auch aus Deinem Leben. Eigentlich gäbe es hundert Dinge zu tun, ganz reale einfache Dinge. Eigentlich wäre es an der Zeit deine Rechnungen zu ordnen oder einen Termin in der Autowerkstatt auszumachen, doch irgendwie schaffst du es immer wieder, diese „normalen Dinge" mit etwas anderem zu ersetzen. Vielleicht bemerkst Du, dass Du nur noch in den sozialen Medien rumhängst oder Dir eine YouTube Meditation nach der anderen ansiehst. So vergeht der Tag auch und am Abend ist es erneut zu spät, um die normalen Dinge zu erledigen, also bleibst Du gleich sitzen und lenkst dich weiter ab.

Kennst Du das?

Ich habe das viele Monate so getan.
In meiner Traumwelt fand ich das Leben erträglicher als in meinem wahren Leben. Ich trennte das Himmlische vom Weltlichen und weil ich es in mir trennte, nahm ich es im Außen auch als getrennt war.
Manche Menschen tun das viele Jahre lang. Sie leben in dem unverbundenen Zustand und erschaffen sich somit eine Scheinwelt, die ihnen vorgaukelt, das Leben zu genießen.
Viele Esoteriker und Pseudo Spirituelle vergessen gerne, dass wahre Spiritualität erst dann spirituell ist, wenn sie den Boden und somit das Leben betritt.
Ich erkannte diese Trennung in mir.
Einerseits gab es da diesen tollen Mann, die gemeinsamen Gespräche und Träume. Die spirituellen Höhenflüge und die großen Gefühle.

Andererseits war da mein Leben mit dem Körperlichen und Feststofflichen, mit den gelebten Gefühlen und den umgesetzten Gedanken.

Die Formlosigkeit war in meiner Wahrnehmung deutlich schöner als das Formhafte. Das Feinstoffliche beflügelte und begeisterte mich. Das Leben ernüchterte mich. Denn in meinem Leben war nichts von all dem. Da war keine gefühlvolle Beziehung, da war keine Leichtigkeit. Nur das berufliche Leben erfüllte mich, der damals einzige Bereich, in dem ich das „Himmlische" mit dem „Irdischen" verbinden konnte.

Damals wusste ich schon, dass es an mir lag, das zu ändern. Doch wusste ich mit meinem damaligen Bewusstsein noch nicht, dass mein mentales „ändern wollen" dazu nicht ausreichte.

Ich „wollte" zu sehr und dieses Wollen war eng und hart. Das „Wollen" machte Druck und mit Druck kann man nichts verändern.

Auch wenn ich glaubte, die Tatsache, dass Amado nicht kommt, zu akzeptieren, akzeptierte ich es in Wahrheit nicht. Das erzählte ich mir nur selbst und glaubte es. Immer noch hielt ich daran fest, dass nur er und sonst keiner zu mir gehört und gehören MUSS. Immer noch wartete ich darauf, dass er kommt und erzählte mir, dass ich gar nicht mehr warte.

Ich wollte mir nicht eingestehen, dass ich eigentlich mein Leben auf diesen Mann ausrichtete. Ich belog und betrog mich selbst und erzählte mir, dass ich unabhängig sei. Nein, ich war es nicht, ich war immer noch gefangen in meiner Illusion, in meiner Traumwelt, dass dieser Mann eines Tages in mein Leben kommen MUSS, weil ich das WILL und ich dafür zuständig und verantwortlich bin, dass es dazu kommen wird.

Ja, so war das und ich schmunzle während ich diese Zeilen schreibe.
So sehr wollte ich. Wollte haben, wollte lieben, wollte die Liebe leben, wollte glücklich sein, wollte diesen Mann, wollte, wollte, wollte, wollte.

Das Wollen & das nicht Wollen

Gleich zu Beginn möchte ich Dir schreiben, dass dieses Thema kein Thema ist, welches Du schnell verändern oder lösen kannst. Wenn Du so gestrickt bist wie ich und ein Mensch bist, der meint es läge stets an ihm, kann ich Dir jetzt schon mitteilen, dass die Wandlung dieser Persönlichkeitsstruktur zeitintensiv sein könnte.
Denn bedenke, so eine Eigenschaft oder nennen wir es Persönlichkeit, hat sich ja auch nicht in einem Tag entwickelt. Du hast dich ja von klein auf an diese Rolle gewöhnt. Irgendwann, als Du klein warst, hat Dir der Glauben, dass alles an Dir läge, dabei geholfen das Gefühl der Kontrolle und Autonomie zu haben.

Menschen die stets „wollen", haben mit dieser Strategie meist viel erreicht. Haben damit Erfolge erzielt und sich lange Zeit mit dieser Druckenergie weiterentwickelt. Unser menschliches Leistungsdenken basiert auf dieser Orientierung. Menschen, die wollen, sind meist große Verantwortungsträger, sind meist voller Tatendrang und Willen. Sie geben selten auf und leisten oft Großes, um das Erwünschte zu bekommen. Auch haben sie viele positive Erfahrungen gemacht, haben stets erreicht, wofür sie sich einsetzten und haben somit gelernt, dass es sich lohnt für etwas einzustehen und für etwas zu kämpfen.
„Wollende" sind somit auch leidenschaftliche Kämpfer und „Macher".

Es ist also kein bloßer Akt der Erkenntnis, dieses stürmische Wollen zu transformieren. Viele positive Verknüpfungen und Konditionierungen haben Wollende zu Wollenden gemacht.

Es ist ein Weg der Veränderung, also lass uns beginnen diesen Weg einzuschlagen, sofern Du möchtest.

<u>Übung:</u>

Ich stelle dir nun Fragen, die du dir selbst beantworten kannst. Achte darauf, dass du diese Fragen nicht einfach durch deinen Verstand schleust und nur mental beantwortest,

sondern lasse diese Fragen erstmal auf Dich wirken. Lese sie fühle nach, ohne gleich die nächste Frage zu lesen.
Mein Tipp: Nachdem du die erste Frage gelesen hast, lege das Buch zur Seite und lasse die Frage auf Dein System wirken. Du kannst Dir das so vorstellen, wie wenn der Satz vom Kopf aus, sich in Deinem ganzen Körper ausbreitet. Fühle die Fragen und beobachte deine inneren Bilder dazu, spüre deinen Körper und lass all diese Impulse wieder zu Deinem Gehirn, Deiner Übersetzungszentrale, aufsteigen.

Es geht bei dieser Übung nicht darum, möglichst schnell oder richtig Fragen zu beantworten. Es geht darum eine möglichst tiefe Erkenntnis zu erlangen, die Dich ganzheitlich erreicht.

Stelle dir etwas vor, was du ganz intensiv willst. Etwas, was du unbedingt haben möchtest und dann frage dich:

Gibt es in Deinem Leben etwas, was Du unbedingt willst? Willst du das wirklich? Mit allen Konsequenzen, Umständen und Anstrengungen?

Wo in deinem Körper spürst Du, dass Du das willst?

Wenn Du Deinen Fokus auf diesen Körperbereich legst, wie fühlt es sich dort an? Spürt es sich weit und hell an? Eng oder fest? Warm oder kalt? Ausdehnend oder zusammenziehend? Pulsierend oder starr?

Fühlt sich das Wollen frei oder unfrei an?

Was macht es mir Dir, wenn ich Dir sagen würde: „Das was du willst bekommst du garantiert NICHT!"
Welche Gedanken, Bilder, Gefühle und Körperreaktionen steigen auf?

Spürst du eine kämpfende Energie? Druck? Wut? Traurigkeit? Rache? Hilflosigkeit? Kraft oder Schwäche? Ernüchterung oder Motivation? Fühle auch die Unterschiede Deiner Gedanken und was du körperlich wahrnimmst.

Nimm all die Impulse in dir wahr, ohne sie weiter zu analysieren oder zu bewerten. Nur wahrnehmen!

Nun fühle und spüre was es mit Dir macht, wenn ich Dir sage: „Ja, das was Du willst kommst Du mit absoluter Sicherheit!" Welche Gedanken, Bilder, Gefühle und Körperreaktionen kannst Du nun wahrnehmen?

Spürst Du ein Gefühl des Sieges? Ein Gefühl des „ich habe es geschafft"? Einen inneren Frieden? Ein Gefühl der Langeweile? Ein Gefühl des „zu Ende gebracht habens. Fühle wie es ist, wenn Du das Gewollte HAST? Wenn Dein Wollen gestillt ist und darüber hinaus.

Nun kommt die letzte Frage:

Stell Dir nun vor Du hast das Gewolltes, eine Woche, ein Monat, ein Jahr, 10 Jahre. Stell Dir vor, Du gehst innerlich einer Zeitleiste entlang, mit dem Gewollten. Bewege Dich in deiner Vorstellung weiter auf der Zeitleiste und fühle und spüre wie sich das, was Du so sehr wolltest in Dir verändert. Achte nun ganz bewusst darauf, dass Du ganz ehrlich mit Dir bist. Fühle tief in Deinen Bauch und spüre, wie es sich in Dir anfühlt, wenn Du hast was Du willst.

Vielleicht hast Du Deine Antworten aufgeschrieben. Wenn ja, dann kannst Du Dir das nochmal durchlesen. Manche Menschen bevorzugen die Reflexion über die Schrift, andere benötigen das nicht. Mach das so, wie es für Dich am stimmigsten ist. Wenn Du diese Übung nicht nur rein gedanklich vollzogen hast, sondern jede Frage tief hast auf Dich wirken lassen, dann bin ich zuversichtlich, dass Dir etwas bewusst geworden ist, das Dir im Hier und Jetzt weiterhilft.

Damals erkannte ich, dass das „Habenwollen" für mich ein Motivationskick war, ein Booster sozusagen. Dass der Druck, der mir das Wollen erschuf, mir stets für meine persönliche Weiterentwicklung diente. Auch erkannte ich, dass ich dadurch viel positiven Selbstwert aufbauen konnte und mich als Selbstwirksam wahrnehmen konnte.

Mir wurde bewusst, dass das Wollen von Dingen oder Zuständen, die schwer zu haben waren, mich mehr reizten als das was ich leicht hätte haben können. Außerdem erkannte ich, dass der Kampf, den ich an den Tag legte, um das Erwünschte zu bekommen, mich total begeisterte. Auch erfuhr ich mich als mutiges und lebendiges Wesen, wenn ich so sehr wollte und das Gewollte schlussendlich bekam. Ich erlebte mich als Heldin und auch Märtyrerin. Kämpfend für das was ich so liebe, möchte und will, mit Herzblut und vollem Einsatz.
Was mich zog war die Sehnsucht. Die Sehnsucht nach dem was ich mir in meinen Träumen so ausmalte, wie zum Beispiel die vollkommene Liebe mit all dem Glitzer, den Gefühlen und göttlichen Zuständen.

Ich kämpfte für die Liebe und tat dies mit vollem Einsatz und Kraft, mit allen mir zugänglichen Ressourcen. Kreativ und einfallsreich konnte ich sein. Mein Wollen war wie ein guter Freund, der mich seit ich denken konnte begleitete und stets all diese heroischen Zustände in mir hervorkitzelte. Bekam ich das was ich wollte nicht, fand ich andere Wege und andere Möglichkeiten es schlussendlich doch zu bekommen.

Ich staunte welche unermesslichen Vorteile das „Habenwollen" bisher für mich hatte. Diese Erkenntnis war deshalb so besonders wichtig, weil ich mich selbst zu durchschauen begann. Ich konnte erkennen, dass mir dieses „Wollen" eine Art der Kontrolle geben konnte und mich somit vor dem Gefühl der Ohnmacht und Kontrolllosigkeit schützte.

Jedes Kind braucht Schutz und Sicherheit und sucht Halt. Jedes Kind ist von den Eltern oder Bezugspersonen abhängig. Wenn ein Kind das Gefühl hat schutzlos oder ohne Sicherheit zu sein, startet ein inneres Schutzprogramm. Ein kleines Kind hat nicht die Möglichkeiten sich etwas rational zu erklären. Es fühlt sich unsicher und das löst IMMER eine Art der Todesangst aus. Um diese Angst nicht aushalten zu müssen, hat unser cleveres System gelernt Ausweichprogramme zu starten. Schutzmechanismen.
So war es für mich also ganz wichtig, dass ich davon überzeugt war, alles zu bekommen was ich will und dass ICH das IMMER beeinflussen könne. Denn fühlte ich mich stets sicher. Ich glaubte es wäre in meiner Macht, es läge nur an meinem Einsatz, in meiner alleinigen Verantwortung.
Eine super Idee, um seine Ohnmacht nicht fühlen zu müssen.

Wenn man erwachsen ist, hat man die Möglichkeit diese alten Schutzmuster, die man nun nicht mehr benötigt, zu verändern.

Als Kind brauchte ich das, als erwachsene Frau, die eigentlich hingebend und vertrauend sein wollte, behinderte es mich.

<u>Übung:</u>

Schaue deinem wollenden Anteil tief in die Augen, lächle ihn liebevoll an und sage zu ihm:

„JA, ICH SEHE DICH UND NUN VERSTEHE ICH DICH!"

Sag ihm: „Es tut mir leid, dass ich Dich, das Habenwollende, so bekämpft habe. Auch tut es mir leid, dass ich mich für Dich so geschämt habe. Aber jetzt habe ich erkannt, dass Du mich lange Zeit nur vor meiner eigenen Hilflosigkeit beschützen wolltest. Jetzt sehe ich Dich und jetzt kann ich Dir wirklich dankbar sein! Danke, dass Du so gut auf mich aufgepasst hast! Doch jetzt bin ich erwachsen und ich habe ganz viel Autonomie und Selbstwirksamkeit. Nun bin ich groß genug meine Ohnmacht auszuhalten."

Wenn du dich in dieser Übung nicht wiederfinden konntest, kann es sein, dass dir das „Wollen" schon von klein auf abtrainiert wurde. Dass dir erzählt wurde, dass man nicht wollen darf. Sollte dies der Fall sein, frage dich umgekehrt, was du „nicht willst".

Ich habe die Erfahrung gemacht, dass es in Bezug auf das „Wollen" auch Menschen gibt, die stets genau wissen was sie NICHT wollen, weil sie sich das Wollen gar nicht erlauben können.

Du kannst dir also dieselben Fragen stellen indem du dich fragst was du NICHT willst und in diesem Kontext weiterfragst.

Ich hatte eine Kämpferin in mir, die gegen all das kämpfte was ich NICHT wollte. Teilweise hatte ich mehr Energie GEGEN etwas zu kämpfen als FÜR etwas einzustehen. Gegen die Einsamkeit, gegen die Traurigkeit, gegen die Verlustangst.

Entdecke Dich, bzw. Deine Anteile, es lohnt sich in die Selbstbeobachtung zu gehen. Lerne diese Facetten von dir kennen und nimm es bitte nicht persönlich, wenn Du etwas erkennst was Du weniger gut oder sogar unsympathisch empfindest. Das bist nicht DU, es sind nur Muster und Konditionierungen, die du ändern kannst.

Es handelt sich hierbei um Persönlichkeitsanteile von Dir und somit Rollen, die Du eine sehr lange Zeit sehr gut einstudiert hast. Nicht weil Du das bewusst so getan hast, sondern weil es in Deiner Kindheit die ALLERBESTE Strategie war, um Deine Verletzbarkeit zu schützen.

Betrachte diese Facetten, wie wenn es Schuhe von dir wären. Ja, du trägst sie und ja, sie gehören zu Dir. Doch bist Du nicht Deine Schuhe! Du darfst aufhören Dich damit zu identifizieren. Es gehört NOCH zu Dir dazu und ja, es fühlt sich an, wie wenn das DU wärst. Doch DU ist viel, viel mehr! Dein wahres Selbst liegt hinter all dem verborgen. Du wirst immer eine Persönlichkeit haben, sowie Eigenschaften, Charakterzüge und Vorlieben. Du wirst somit auch immer noch gewisse Muster in Dir tragen, die frage ich nur:

„Welche Muster dienen Dir noch und welche schaden Dir?"

Also atme durch und schau dir einfach eine Zeit dabei zu, wie du diese Schuhe trägst und dass es jetzt so ist wie es ist.

Durch diese Selbstreflexion wurde mir bewusst, wie sehr ich mich selbst verurteilt habe, wenn ich etwas haben wollte. Gleichzeitig wurde mir bewusst, dass das „Wollen" spannender war als das „Haben". Hatte ich das Gewollte, war die Spannung relativ schnell verblasst und ich wollte etwas Neues, wofür es sich erneut zu Tun und Kämpfen lohnte.

Alleine durch dieses Bewusstsein änderte sich ganz viel in mir. Wenn man diese Dynamik wirklich ganzheitlich verstanden hat, sich sozusagen selbst durchschaut und erkannt hat, dass diese alten Persönlichkeitsstrukturen gar nicht mehr zeitgemäß sind, ist man bereit sich wieder zu verändern. Natürlich erfordert jede Veränderung Mut. Deshalb ist dieses Buch ja auch für mutige Seelen geschrieben worden!

Wenn man sich selbst auf die Schliche kommt, wird man zum Beobachter seiner eigenen Programme. Weil man Beobachter seiner Programme wird und sich damit nicht mehr identifiziert, löst sich die Starre des Programmes auf. Ein gewisser Anteil an Humor ist hilfreich, wenn man sich selbst dabei beobachtet, wie man in die Falle des, wie in meinem Fall, „haben Wollens" tappt und über sich selbst liebevoll schmunzeln kann, wie sehr alle positiven Verknüpfungen anspringen, wenn man wieder etwas will.

So möchte ich dir zum Abschluss dieses Kapitels mitteilen, dass du, ganz gleich ob du willst oder nicht, vollkommen richtig bist, so wie du bist. Es nichts mit Dir in deiner Essenz zu tun hat, nur mit einem uralten Programm in deinem System und Abspeicherungen sind, die Du lange Zeit unbewusst als vorteilhaft empfunden hast.

So ermutige ich Dich, dich ganz milde und liebevoll zu betrachten, anstatt Dich selbst zu verurteilen. Wollen und kämpfen ist per se nichts Schlechtes. Es gab historische Zeiten, da musste man sich so behaupten, sonst hätte man nicht überlebt. Es waren wichtige Entwicklungsschritte und Erfahrungen der Menschheit, um dahin zu gelangen, wo wir heute sind.

Wenn Du Dein „Habenwollen" lieben lernst, integriert es sich allmählich in Deinem System als wertvolle Ressource. Dann wird es nicht mehr vehement und hartnäckig sein. Denn dann wird eine ganz neue Qualität aus Dir auftauchen, denn nun ist Du bereit dazu.
Nun wirst Du lernen, was es bedeutet zu empfangen.

Dem „Empfangen" werde ich mein nächstes Kapitel widmen.

Das Wollen & das Wollen

Wollen ist nicht gleich wollen.

Dasselbe Wort mit unterschiedlicher Atmosphäre.
Ich gebe dir gleich zu Anfang dieses Kapitels eine ganz kurze, selbsterklärende Übung zur Hand, die mir damals mein Coach gezeigt hat. Durch diese Übung wird Dir gleich bewusst sein, was ich damit meine, wenn ich schreibe:
„Wollen ist nicht gleich wollen".

<u>Übung:</u>

Setze Dich entspannt hin. Forme Deine Hände so, wie wenn Du vor Deinem Oberkörper einen kleinen Ball, so groß wie ein Kleinkinder-Ball, in beiden Händen halten würdest. Einen weichen Schaumstoffball. Solltest Du so einen Ball zuhause haben, mache diese Übung mit diesem Ball. Stelle Dir vor, du hältst diesen weichen Ball und nun sagst Du laut „ICH WILL!" Während du das Wort „WILL" aussprichst, drückst Du den Schaumstoffball fest zusammen. Wiederhole das ein paar Mal. Merke Dir das Gefühl und den Druck in Deinen Händen.

Nun legst Du den Ball weg und legst Deine Handflächen entspannt auf Deine Brust und sagst nochmal „Ich will." Während Du das Wort „will" laut ausspricht öffnest Du Deine Arme, wie wenn Du jemanden zu einer Umarmung einlädst. Wiederhole auch diese Übung.

Zweimal „Ich will"…zweimal dasselbe Wort, doch ganz andere Wahrnehmungen.

Erkenne und fühle den Unterschied, zwischen dem zusammendrückenden „Wollen" und dem sich öffnenden und einladenden „Wollen".

Das eine „Wollen" beengt, drückt, begrenzt und zieht zusammen. Das andere „Wollen" lädt ein, öffnet, macht weit und dehnt sich aus. Es erschafft einen Raum, wobei das begrenzende „Wollen" den Raum kleiner macht.

Beobachte welches „Wollen" Du vermehrt lebst und erkenne den Unterschied in einfachen Alltagssituationen.

Eine gute Übung im Alltag wäre zum Beispiel die Parkplatzsuche. Wolle einmal einen Parkplatz mit Druck und dann wolle den Parkplatz mit dem einladenden „Wollen". Du wirst erkennen, dass Du mit dem einen Wollen stets kämpfen musst und Druck verspürst. Mit dem anderen Wollen wirst du entspannt und gelassen einen Parkplatz finden.

Mir wurde damals bewusst, dass ich, wenn ich etwas haben wollte, einen unheimlichen Druck aufbaute. Da ich selbst diesen Druck zeitlebens gewohnt war, spürte es sich für mich ganz normal an. Ich war so sehr an diesen Zustand gewöhnt, dass er für mich gar nicht erdrückend war. So lebte ich die meiste Zeit meines Tages „under pressure".
Erst als mir das bewusst wurde, erkannte ich, wie sehr ich in dieser Dynamik gefangen war, von einem „Wollen" zum nächsten. Ähnlich wie eine Bergsteigerin die, kaum hat sie einen Berggipfel erreicht, bereits den nächsten Gipfel anvisiert. Ein ewiges „tun müssen" um etwas zu erreichen um, nach einem kurzen Glücksgefühl erneut ernüchtert zu sein. Ich war die ewig Suchende, die ewig Kämpfende, die ewig Machende.

Alles was ich wollte, begann mit einer Begeisterung und einer sehnsüchtigen Motivation, doch das was ich wirklich wollte, bekam ich nicht.

Natürlich gab es in meinem Leben auch ausreichend Dinge oder Zustände, die ich genauso haben wollte und die mich niemals ernüchterten. So gab es also zwei verschiedene Arten des „Habenwollens", erkannte ich. Ich hatte viel erreicht auch ohne Druck, bemerkte ich. So wollte ich dieser Frage auf den Grund gehen, wollte begreifen und verstehen, warum manche Dinge ganz leicht erfüllt werden, andere hingegen nur mit kraftvollem Einsatz und viel Druck.

Das Wünschen & das Empfangen

Ich hatte mir in meinem Leben bereits viele Träume erfüllt. Wünsche, die schier unerreichbar waren, erfüllten sich, ohne meinem typischen Einsatz. Ich erinnerte mich, als ich Jahre zuvor diesen wundervollen Ponyhengst sah. Ein traumhafter Rapphengst, der mich als Mini Shetland Pony Züchterin schwer begeisterte.
„Commando" war ein Pony, welches mein Herz höherschlagen ließ. Er hatte eine tolle Ausstrahlung, ein Charisma und abgesehen von seiner einmaligen Abstammung und Schönheit, liebte ich dieses Tier.

Ich war damals eine aufstrebende Jungzüchterin und hatte keine Ahnung in welches Tier ich mich da verguckt hatte. Ich fasste mir ein Herz und rief die englische Züchterin an, die mir sehr höflich mitteilte, dass sie „Commando" nicht verkaufen möchte. Erst nach unserem Gespräch wurde mir bewusst, dass ich mich in einen der erfolgreichsten Zuchthengste Großbritanniens verliebt hatte. Ein Tier mit etlichen Turnier-Erfolgen und schönster Nachkommenschaft. Ein Zuchttier, welches kein Züchter der Welt abgeben würde, da es für die Zucht unbezahlbar ist.

Ich akzeptierte und verstand es und auch wenn ich begriff, dass ich diesen Hengst niemals kaufen könne, liebte ich die Vorstellung eines Tages vielleicht doch die Möglichkeit zu bekommen. Doch hatte ich voller Akzeptanz anerkannt, dass es so ist wie es ist.

Ich hatte meinen Wunsch nie revidiert, doch hatte ich ihn losgelassen.
In den folgenden Jahren entwickelte ich mich zu einer anerkannten Züchterin. Ich hatte die schönsten Ponys, mit besten britischen Abstammungen und war im englischsprachigen Raum bekannter als im deutschsprachigen. Ich liebte was ich tat und lebte es voller Begeisterung. Mittlerweile hatte ich viele britische Züchterfreundinnen, von denen ich lernte und züchterische Hintergründe erfuhr, die man in keinem Buch nachlesen kann. Ich hatte mich weitergebildet und wusste sehr viel über die Abstammungslinien und studierte Pedigrees und recherchierte. Ich flog viele Male nach Großbritannien, besuchte diverse Gestüte und knüpfte weitere Kontakte. Viele davon wurden Freunde. Auf der alljährigen Auktion war ich Stammgast und meine Zucht

vergrößerte sich und wurde noch bekannter. Ich hatte in meiner „Hochzeit" um die 85 Tiere, in einer Zuchtqualität, die man in Europa kaum finden konnte.

Auch „Jill", die Besitzerin des tollen Hengstes „Commando", wurde eine Freundin von mir. Von ihr erwarb ich zwei Stuten für meine Zucht und von Zeit zu Zeit plauderten wir gerne am Telefon. Niemals habe ich sie jedoch wieder auf Commando angesprochen, ich hatte wirklich akzeptiert, dass er ihr Liebling ist und bleibt.

Eines Tages, wir plauderten gerade am Telefon, erzählte mir Jill, dass sie etwas weniger arbeiten müsse. Ihr Ehemann und sie waren Pensionäre und beiden ging es körperlich nicht mehr so gut. Ich drückte mein Mitgefühl aus und bot ihr an, dass ich gerne weitere Stuten von ihr kaufen wolle, sofern sie welche abzugeben hätte.

Sie bedankte sich für mein Mitgefühl und sagte, dass sie eher an „Commando" dachte. Mein Herz rutschte in die Hose als ich das hörte und ich traute meinen Ohren nicht. „Du bietest MIR Commando an?" Fragte ich staunend. „Wenn du ihn nehmen möchtest, würde ich mich sehr freuen Stefanie, denn so wie du deine Tiere liebst und pflegst, so liebe ich auch meine Tiere. Commando ist in England ein Superstar, jeder würde ihn sofort wollen."
Sie erklärte mir, dass sie dieses Pony von klein auf liebte, dass es so besonders sei von seinem Wesen und er alle Erfolge erzielt hat, die ein Ponyhengst erreichen kann. Sie vertraute mir an, dass es in ihrem Land viele Züchter gäbe, die ihn sofort um jeden Preis kaufen würden, nur um sich mit den Federn des Erfolges zu schmücken. Sie würden ihm dann viele Stuten geben und Nachkommen über Nachkommen erschaffen, doch würden sie das nicht mit züchterischer Achtsamkeit und Respekt tun, sondern nur des Geldes wegen.

Dann sagte sie mir, dass sie damals, als ich sie nach Commando fragte, dachte ich sei eine von diesen Züchterinnen. Doch hat sie in all den Jahren gesehen, dass ich ganz anders sei und dass ich so wie sie, die Liebe für die Tiere und die Zucht hätte. Als sie mir noch sagte, dass es für sie eine große Freude wäre, wenn ich ihren Hengst in meiner Zucht einsetzen würde, war ich sprachlos.

Als sie mir den Preis nannte, der einem reinen Wertschätzungsbeitrag glich, bat ich um zwei Tage Bedenkzeit. Ich konnte mein Glück kaum fassen, doch musste ich mir überlegen ob ich aktuell einen weiteren Hengst aufnehmen konnte, hatte ich doch kurz zuvor erst einen Zuchthengst erworben. Wie du Dir denken kannst, habe ich zugesagt und „Commando" kam vier Wochen später in Österreich an und wurde zu einem viel geliebten Pony meines Gestüts.

Dieser Wunsch wurde erfüllt, wie auch viele andere.

Als ich mich daran erinnerte, fiel mir auf, dass ich damals keinerlei Druck angewendet hatte. Ich hatte um „Commando" nie gekämpft, ich hatte nie vollen Einsatz geleistet, um an dieses Pony heranzukommen. Ich habe den Gedanken ihn zu besitzen nicht festgehalten. Und doch habe ich ihn bekommen, genau zur richtigen Zeit.

Wie kam das?

Nun könnte man sagen, dass es Schicksal war, eine glückliche Fügung, ein Zufall oder Glück.

Nein, ich hatte kein Glück, ich hatte mir „Commando" gewünscht, und zwar aus tiefstem Herzen.
Ich habe mich geöffnet und meinen Wunsch geäußert. Mein „Wollen" entsprang einem echten Herzenswunsch und kam nicht nur aus meinem Kopf. Ich öffnete mich für meinen Wunsch und nahm ihn nicht mehr zurück. Doch hielt ich auch nicht daran fest, als ich begriff, dass er unverkäuflich sei. Ich akzeptierte und respektierte das damalige „nein" von Jill. Ich zweifelte weder ihr „nein" an, noch zweifelte ich an meinem Wunsch. Es war mir in der Tiefe klar, dass ich diesen Hengst gerne hätte, sie ihn jedoch nicht verkaufen will. Punkt.

Dieses Verständnis und die Akzeptanz und auch das Mitgefühl, öffneten zwischen Jill und mir einen Raum. Einen Raum der Freundschaft, der Wertschätzung und der Akzeptanz. Ich übte keinen Druck aus, fragte sie nie wieder und versuchte nicht sie zu überreden, ich hatte es absolut akzeptiert. Als in ihr der Wunsch hochkam kürzer zu treten, war ich die erste Person, der sie ihr geliebtes Pony anvertrauen wollte, denn zwischen uns war nur Mitgefühl, Liebe und Respekt.

Diese Erkenntnis hatte ich auch bei anderen Wünschen, die sich ganz ohne Druck erfüllt hatten. Es gab somit einen Unterschied ob ich etwas wollte oder etwas von Herzen wünschte.

Nun kannst Du meine Geschichte für jeden Lebensbereich anwenden, auch für die Partnerschaft, für den Beruf und Deine Gesundheit.

Überprüfe bitte für Dich selbst, welche Wünsche in Deinem Leben ganz leicht erfüllt wurden und für welche Du kämpfen musstet. Erkenne für dich persönlich den Unterschied in der Form des „Wollens" und werde dir bewusst, welche Form Dich zum glücklichen Ziel brachte und welche nicht.

<u>Übung:</u>

Suche einen Herzenswunsch von Dir. Nimm zu Beginn einen kleinen Wunsch, etwas was Du von Herzen gerne haben möchtest. Vielleicht hast Du ein schönes Paar Schuhe gesehen oder wünscht Dir einen Konzertbesuch. Etwas was Dich wirklich begeistert, wenn Du daran denkst. Etwas was aktuell scheinbar nicht möglich ist, weil dir entweder das Geld dazu fehlt oder Du meinst zu wenig Zeit zu haben. Ganz gleich was es ist, es soll ein echter Herzenswunsch sein, also frag nicht Deinen Kopf zuerst, sondern fühle in Dein Herz.

Mach ein paar ruhige Atemzüge und gehe mit Deiner Aufmerksamkeit in Deine Körpermitte. Atme in Deinem entspannten Rhythmus und schließe dann die Augen.
Wenn Du fühlst, dass Du ganz bei Dir bist, erinnere Dich an Deinen Wunsch. Fühle diesen Wunsch. Fühle wie glücklich er Dich macht, wie sehr er Dich strahlen lässt. Ist es ein echter Herzenswunsch, fühlst Du das Glücksgefühl in deinem ganzen Körper, von den Haarspitzen bis zu den Fußspitzen. In Dir und um Dich herum.

Nun stelle Dir vor, wie es ist, wenn sich Dein Wunsch bereits erfüllt hat. Wie Du es genießt und Dich darüber freust. Lass innere Bilder entstehen oder einen kurzen inneren Film. Mach das Bild groß und sei Akteur dieses Films, nicht bloß der Betrachter. Genieße die inneren Bilder und Gefühle so tief es Dir möglich ist.

Nach einigen Minuten wird das Glücksgefühl einen gefühlten Höhepunkt erreichen, ein Augenblick der größtmöglichen Freude.
In diesem einen Moment der Freude, legst Du Deine Handflächen auf Deine Brust, fühlst, spürst und siehst diesen Wunsch und lächelst. Dann sagst Du laut: „Ich will" und breitest Deine Arme aus. Du öffnest Dich für das Empfangen Deines Wunsches und lädst das Erwünschte in Dein Leben ein.

Dann machst Du einen tiefen Atemzug voller Dankbarkeit und öffnest wieder Deine Augen.

Diese Übung kannst Du jederzeit wiederholen. Achte darauf, dass Du vor dieser Übung bereits in einer angenehm ruhigen Stimmung bist. Du kannst Dir, wenn Du möchtest, dabei eine sanfte Hintergrundmusik anhören. Bitte mach diese Übung nie in einer traurigen Stimmung, auch nicht aus einer Stimmung des Mangels oder der Bedürftigkeit heraus. In diesen Minuten erhöhst Du Deine Manifestationskraft. Würde sich dahinter eine Energie des Mangels verbergen, würdest Du die Energie des Mangels verstärken. Ich wünsche mir für Dich und der Erfüllung Deines Wunsches, dass Du die Freude und die Liebe erhöhst, denn sie ist es ja, die Du in Dein Leben ziehen möchtest.

Aja, Du darfst Dir übrigens Alles wünschen! Alles, wofür Du auch die Verantwortung und Konsequenz tragen möchtest.

Damals wurde mir bewusst, dass ich das was ich mir von Herzen wünschte stets bekommen habe. Manchmal brauchte es ein wenig Lebenszeit, doch erhalten habe ich es immer, auch wenn ich es dann vielleicht gar nicht mehr brauchte.

Und da erkannte ich etwas!

Ich wollte den Ponyhengst haben, doch nicht mehr so sehr. Ich wünschte ihn mir, doch brauchte ich ihn nicht mehr. Ich war frei und nicht mehr abhängig davon, ob sich der Wunsch tatsächlich erfüllte.

Ich verstand, dass mein Wunscherfolg eigentlich keine Beschränkungen hatte, solange ich nicht daran festhielt. Kaum wollte ich es jedoch aus dem Gefühl des Mangels heraus haben, bekam ich nichts, außer noch mehr Mangel und noch mehr Bedürftigkeit.

Ich hatte mir in meinem Leben bereits Wünsche manifestiert, die scheinbar unmöglich zu erfüllen waren, vor allem materielle oder sachliche Wünsche. Mir wurde bewusst, dass ich bei dem Mann, den ich so sehr ersehnte nicht diese Gelassenheit und Freiheit spürte.
So nach dem Motto: „Ihn will ihn haben, koste es was es wolle.“
(das war jetzt sehr ehrlich)

Das Wünschen hat ein paar Einschränkungen, oder nennen wir es Gesetzmäßigkeiten.
Wir dürfen uns alles wünschen und werden auch alles bekommen, was uns von Herzen erfüllt. Doch können wir uns nur UNSERE Wünsche erfüllen.

Hat ein zweiter Mensch andere Wünsche und stehen diese unserem Wunsch entgegen, wird sich die gemeinsame Erfüllung schwer gestalten.

Ich verwende hier nochmal das Beispiel mit dem Hengst „Commando“.

Ich wünschte mir Commando, Jill wünschte sich ihn zu behalten. Mein Wunsch blieb gleich, ihrer änderte sich. Sie öffnete sich dafür ihn zu verkaufen und so kam es zu meiner und auch ihrer Wunscherfüllung.

Du hast somit keinen Einfluss auf den Wunsch eines anderen und das ist auch gut so! Denn stell Dir vor, ein Mensch, den Du vielleicht gar nicht magst, würde sich von Herzen wünschen, dass Du in sein Leben kommst und Du wärst willenlos, nur weil dieser andere Mensch verdammt gut manifestieren kann. Das wäre doch furchtbar, oder?

Du kannst Dir alles wünschen, wirklich alles, sofern es in Deinem Einflussbereich liegt. Dein Einflussbereich hat nichts mit deinem Verstand zu tun, sondern mit Deiner Seelenabsicht und Deiner Erlaubnis maximale Erfüllung zu leben.

Dazu möchte ich Dir ein eigenes Kapitel schreiben und es ist wohl das wichtigste Kapitel dieses Buches.

Die Seelenabsicht

Was so esoterisch klingt, möchte ich dir so greifbar und irdisch wie möglich machen.

Ich denke, dass Dir bewusst ist, dass du nicht nur Dein Körper bist. Ich setze hiermit voraus, dass Dir dies bereits klar ist. Du bist weder Dein Körper noch bist du Dein Verstand noch bist du Deine Emotionen. Du bist viel mehr als nur Mensch, du hast jedoch einen menschlichen Körper und lebst in dieser Form auf Planet Erde.

Deine Seele, ist das was du BIST. Ein ganzheitliches Wesen, aus Körper-Geist und Psyche, aus der Liebe heraus erschaffen. Du bist wie ein Musikstück oder eine Symphonie. In Dir gibt es viele Töne, Klänge und Melodien, Dynamiken und Rhythmen. Du bist eine ganz individuelle Schwingung des großen Ganzen, ein „Embodiment", oder eine Verkörperung Deines Bewusstseins.

Du bist also ein Gesamtkonzept eines denkenden, fühlenden und handelnden Wesens. Du hast eine feststoffliche und feinstoffliche Form, beide sind (hoffentlich) gut miteinander verbunden.

Du bist also ein SEIN und das, was Du als „ICH" erkennst, ist nur Deine menschliche Personifizierung. Dieses ICH-Bewusstsein ist wichtig, um Dich als Mensch zu erfahren.

Zusammen, oder mithilfe anderer „spielst" Du sozusagen das „Selbsterkennungsspiel". Durch ein Gegenüber lernst Du Dich zu erkennen und erfährst, wer Du aktuell „bist", oder nicht bist.

Du kannst Dir das Leben auch wie eine Art Simulation vorstellen, oder wie ein interaktives und absolut reales Videospiel.

Da es in dieser Simulation gewisse Gesetzmäßigkeiten gibt oder nennen wir es Konsequenzen, haben wir nach und nach vergessen, dass wir Spieler dieser Simulation sind und haben damit begonnen, uns ganz und gar mit unserem Simulationskörper zu identifizieren.

Solange Du nicht erkannt hast, dass Du in einer Simulation spielst, denkst und fühlst Du wie Deine Spielfigur. Deine Spielfigur, also das was Du als „ICH" bezeichnest, kann nur so agieren, wie es der Persönlichkeit dieser Spielfigur entspricht. Du hast also Deine Programme und Begrenzungen, die Dich so frei oder unfrei agieren lassen, wie es Deinen Abspeicherungen entspricht.

Nun kommen wir zu dem Wort Seelenabsicht und ich bleibe bei der Metapher des PC-Spiels.
Die Spielfigur in deinem Spiel möchte eigentlich nichts. Sie wird gelenkt vom PC-Spieler. Der PC-Spieler entscheidet ob die Spielfigur nach links oder rechts läuft.

Würden wir uns dessen bewusst sein, dass wir der Seelenleib sind und nicht bloß die menschliche Persönlichkeit, würden wir unser Leben ganz und gar aus der Seelenabsicht heraus leben.

Da wir jedoch so sehr mit der Spielfigur identifiziert sind, erleben wir unser Spiel und meinen es sei die einzige Realität. Doch eigentlich sind wir nicht die Spielfigur, sondern jenes Wesen, das die Spielfigur lenkt.
Wenn nun die Spielfigur nach rechts laufen möchte, obwohl der Spieler nach links steuert, hätte die Spielfigur eigentlich keine Möglichkeit dies zu tun, außer der Spieler vergisst, dass er Spieler ist.

Da wir Menschen lange Zeit meinten bloß Mensch zu sein, haben wir verlernt auf unsere Seele zu hören. Wir haben verlernt wer wir sind und haben gemeint der menschliche Verstand zu sein. Da ganz viele Spieler dies vergessen haben und nicht nur ein Einzelner, haben wir uns in diesen Simulationen verlaufen und meinen, es wäre die absolute Wahrheit.

Nun kam es jedoch dazu, dass nach und nach ein paar PC-Spieler wieder erinnert haben, dass sie lange geschlafen haben, während ihre Spielfigur weitergespielt hat. Diese Menschen haben gesehen, was die Spielfigur in all den unbewussten Zeiten vollbracht und gelernt hat. Sie haben bemerkt, dass es nur eine Simulation war, die so real war, dass sie meinten es sei wahr. Durch dieses „Aufwachen", konnten sie erstmalig erkennen, dass sie Spieler sind und sie das Spiel mit ihrem Bewusstsein verändern können. Dass es in dem Spiel Umwege und direkte Wege ins nächste Level gibt, doch nur solange sie bewusst Spieler des Spiels bleiben.

Du, also dein Sein, dein Seelenleib, Dein Bewusstsein verfolgt ein Ziel…eine „Line"…und auf diesem Weg möchte sie sich erfahren, größtmöglich und maximal. Das ist ihre Absicht.

Sie möchte sich durch und mit einem menschlichen Körper samt menschlichen Gesetzmäßigkeiten in all ihren Facetten erfahren. Erfahrungen, die sie nur sammeln kann, solange sie sich als getrennt wahrnimmt. Um dann, in weiterer Folge all die Erfahrungen in der „Union" oder dem Zustand des Gewahrseins zu erleben.

Möchte nun Dein Verstand etwas, was Deiner Seele (Deinem Sein) gar nicht entspricht, sei dies ein Wunsch oder eine Richtung, die du einschlägst, wird dieser Wunsch oder diese Richtung nicht möglich sein.

Bist Du jedoch mit deinem Selbst, Deiner Seele verbunden, wird alles möglich sein was Du Dir wünscht, weil Du Dir dann stets etwas wünscht, was der Erweiterung Deines Selbst dient.

Du kannst dir das vorstellen, wie wenn der Spieler und die Spielfigur beginnen wie eins zu denken, zu fühlen und zu handeln. Der Spieler entscheidet und die Spielfigur führt aus.

Solange wir jedoch meinen, „nur" Mensch und Verstand zu sein, oder glauben „nur" unsere menschlichen Emotionen zu sein, werden wir überzeugt davon sein, für unsere Wünsche kämpfen zu müssen.

Ich hoffe das war nun nicht zu philosophisch oder abstrakt geschrieben, ich belasse es hiermit mit weiteren Ausführungen. Was ich Dir damit mitteilen möchte ist, dass Deine mentale Absicht NICHT ausreicht, um etwas in Deinem Leben zu manifestieren. Es braucht immer die Seelenabsicht dazu.

Wie erkennst du, ob Dein Wunsch ein Seelenwunsch oder Herzenswunsch ist?

Das erkennst du daran, dass er Dich maximal positiv begeistert und innerlich, sozusagen erstrahlen lässt.

Wenn Dich etwas zutiefst begeistert, dann fühlst Du aus Dir heraus ein weites oder helles Gefühl. Es spürt sich wie ein „JAA!!!!", mit vielen Ausrufezeichen an, ein echtes „Au ja". Es begeistert Dich, es erhellt dich, es motiviert und beflügelt Dich. Dieses „ja" ist kein lautes „ja", jedoch ein tiefes, ehrliches „Au ja, das wünsche ich mir".

Verzeih mir, wenn ich mich an dieser Stelle ein paar Mal wiederhole, mir liegt es am Herzen Dich größtmöglich spüren und fühlen zu lassen, wie wichtig es ist, den Unterschied zwischen einer echten Seelenabsicht und einer rein menschlich rationalen Absicht zu erkennen.

Die Seele möchte sich entwickeln und dies tut sie in jene Richtung, die sie für entwicklungsreich hält. Ein Wunsch, der aus dem Herzen heraus beginnt, hat Seelenschubkraft. Ein Wunsch der einzig und alleine aus einem praktischen oder rein rationalen Grund heraus entsteht wird, auch wenn er anfänglich kraftvoll ist, versanden. Vielleicht wirst Du etwas bekommen, aber es wird Dich langfristig nicht weiterbringen, noch wirklich zufrieden machen.

Somit ist es hilfreich seine Wünsche auf ihre Motivation zu überprüfen. Oft meinen wir uns etwas Bestimmtes zu wünschen, sind uns vielleicht sogar ganz sicher, dass es so ist. Doch wenn wir etwas tiefer fühlen, bemerken wir vielleicht, dass wir auf den Wunsch etwas projizieren. Etwas, was wir meinen durch Erfüllung des Wunsches zu bekommen, jedoch irren wir uns.

Der Wunsch nach dem Seelenpartner

Ein verbreiteter und tiefer Wunsch vieler Menschen ist es, diesem einen, besonderen Menschen zu begegnen, um dann eine Art der partnerschaftlichen Verschmelzung zu erleben.

Auch ich hatte diesen Wunsch. Als ich Amado kennenlernte und sich in mir dieses tiefe Liebesgefühl ausbreitete, wusste ich, DAS und nichts Anderes wünsche ich mir.

Doch hieß mein Wunsch nicht: „Ich möchte eine erfüllte Partnerschaft leben", sondern:

„Ich möchte mit diesem Mann zusammen sein, mit keinem Anderem außer ihm".

Die wenigen Stunden der Zweisamkeit hatten mich größtmöglich begeistert und tief berührt. Da mir dies zuvor in dieser Form nie passiert war, ging ich davon aus, dass ER es ist, der diese Gefühle in mir aktiviert und ich ohne ihn, das niemals wieder fühlen könne.

Ich wollte ihn, nur ihn und das unbedingt.
Auch wenn ich mir nach vielen Monaten des nicht-Sehens erzählte, ich sei frei und unabhängig, war mein Glück immer noch an seine Person gebunden.
Seit Monaten hatten wir einander nicht mehr gesehen, hatten jedoch regelmäßig telefoniert und einander per WhatsApp geschrieben.

Wir teilten unsere Leben dem jeweils anderen mit, ließen einander daran teilhaben, doch lebten wir getrennt voneinander. Eine surreale Form von Liebe und doch war ich lange Zeit überzeugt davon, dass das die wahre und vollkommene Liebe sein muss.

Auch wenn in meiner Gegenwart nichts für eine gelebte Beziehung sprach, blieb ich in der Hoffnung, dass sich dies irgendwann erfüllen würde. Mein Hoffnungssatz war:
„Es wird so sein, wenn es Liebe ist."
Da er mir stets zu verstehen gab, dass er es genauso fühle und ich darauf vertrauen solle, dass alles so kommt wie es kommen soll und die Liebe auch seine Ausrichtung

sei, war mein Verstand mit der Sicherheit versorgt, dass ich einfach warten müsse bis er endlich bereit für ein „uns" ist.

Ich war überzeugt und sicher, dass wir ein Paar werden, so sicher, dass ich jeden Zweifel im Außen erstickte. Ich hielt meine Hoffnung hoch und versorgte meinen Glauben mit inneren Phrasen, die mir das Gefühl gaben, der Situation gewachsen zu sein. Ich klammerte mich an die feinsten Liebesbekundungen und machte sie zu meinem heiligen Gral.

Mein Wunsch die Liebe zu bekommen, war so fokussiert und auf seine Person, dass ich das was ich mir wirklich wünschte, unterdrückte.

Heute weiß ich was die Motivation meines Wunsches war. Es war all das, was ich durch diesen Menschen erstmalig entdeckt hatte. Meine Liebe, meine Sanftheit, meine Freude und Glückseligkeit.

Damals war mir dies nicht bewusst und wenn man mir das bewusst machen hätte wollen, ich hätte es abgeschmettert, denn ich wollte; und zwar NUR IHN.
Alle, die an meiner Wahrnehmung zweifelten, oder meinten ich würde mir da etwas vormachen, ignorierte ich.

Mein Ego wollte diesen Mann, meine Seele wollte Glückseligkeit.
Der Wunsch meiner Seele war der Ruf nach sich selbst und es störte die Seele nicht, dass Ego-Steffi meinte, sie wolle diesen einen Mann. Es lag auf Seelenkurs und solange meine Seele sich gut weiterentfalten konnte, tat sie dies gerne auch mit den Vorgaben des Steffi-Egos.
So ging ich weiter auf diesem Pfad, der sich als etwas ganz anderes entpuppte, als ich erwartet hatte.

Das Ego

Was ist das Ego und müssen wir es auflösen? Ist es ein böser Anteil in uns oder brauchen wir ihn zum Menschsein?

Es gibt wohl tausende Bücher mit diversen Ego Interpretationen. Die einen schreiben darüber, dass man das Ego entlarven oder überwinden müsse, die nächsten schreiben das wäre gar nicht möglich. Manche Menschen glauben, man brauche ein gesundes Ego und wieder andere sagen man solle es auflösen oder zerstören.

Das Wort Ego, was nichts anders bedeutet als „ICH", ist eine menschlich erschaffene Wesenheit, die sich als ein „Jemand" beschreibt. Das Ego ist all das in Dir, was Dir sagt was Du bist oder nicht bist.

Ich bin schön, ich bin hässlich, ich bin dick, ich bin dünn, ich bin traurig oder ich bin glücklich, ich bin Arzt, ich bin 23 Jahre alt, ich bin alt, ich bin ein Tennisspieler, ich bin eine Dualseele.

Genauso klassifiziert das Ego auch die Anderen:
Er ist reich, sie ist neidisch, wir sind Europäer, er ist ein Narzisst, sie ist Witwe, usw…

Entstanden ist dieses Ego in der frühesten Kindheit, als wir erkannten, dass Mama und Papa getrennt von uns sind. Da ist einer und da ist eine und da bin ICH. Ab dem Moment, wo ein Kind auf sich zeigt und „ICH" oder seinen Namen sagen kann, ist das Ego geboren.

Wir lernen dann was oder wer oder wie wir sind. Wir lernen, dass wir klug sind oder so niedlich, lustig, frech, anstrengend, oder wie die Tante oder der Onkel sind. In der Schulzeit lernen wir, dass wir eifrig oder faul sind, dass wir nicht gut zuhören oder zu wenig lernen. In der Pubertät lernen wir, dass wir zu wenig weiblich sind oder zu viel, dass wir attraktiv sind oder nicht. Im Berufsleben lernen wir, dass wir gute Leistung bringen, oder Versager sind, dass wir ehrgeizig sind oder Taugenichts. Zusätzlich sind wir noch Frauen oder Männer, ÖsterreicherInnen oder Deutsche, Golfspieler oder Ärzte, und vieles mehr.

<u>Übung:</u>

Nimm Dir ein Blatt Papier und schreibe eine Selbstbeschreibung.
Beschreibe wer, was und wie Du bist. Schreibe den ersten Teil aus Deiner Perspektive und dann schreibe auch auf, was andere über Dich meinen. Vielleicht erinnerst Du Dich daran, was man über Dich sagte, als Du ein Kind warst. Du kannst auch gerne Deine Familie oder Eltern bitten Dich zu beschreiben.
Diese Übung erfordert ein wenig Zeit. Lass nichts aus, schreibe alles zu Deiner Person „ICH" auf, auch welche Nationalität, Geschlecht, Alter, Profession. All das schreibst Du in Sätzen, die mit „Ich bin" beginnen, auf.
Schenke Dir diese Übung und ich verspreche dir, die Erkenntnisse werden Dich auf eine neue Bewusstseinsebene heben.

Wenn Du diese Übung gemacht hast, lies Dir Deine Beschreibung noch einmal durch. Du wirst auf Deiner Liste Sätze finden, die Dich kaum berühren, manche werden Dich mehr berühren, andere wirst Du sogar besonders hervorheben.

Auf meiner Liste waren Sätze wie „Ich bin Österreicherin" weniger wichtig, als zum Beispiel die Beschreibung „Ich bin schlau", die mir sehr wichtig war. Oft hatte ich als Kind gehört, wie schlau ich bin und dies stets in einer lobenden und liebenden Betonung. So wirst Du auf Deinem Zettel also Sätze finden, mit denen Du Dich lieber identifizierst und andere, die Du eher nicht so haben möchtest.

All diese Beschreibungen treffen Aussagen über Dich, bzw. Über das Wesen, das Du angeblich bist. Natürlich können wir uns ohne diese Beschreibungen einander gar nicht vorstellen und manche davon sind wichtig für eine normale menschliche Kommunikation.

„Ich heiße Steffi, ich BIN 47 Jahre alt, ich BIN Mutter und Coach und BIN Studentin der Psychotherapie,…"
Mit jedem „BIN" personifizieren wir uns.

Diese Personifizierung ist also sozusagen unsere Spielfigur in unserem Computerspiel. Solange wir am Leben sind, werden wir diese menschlichen Strukturen benötigen und ja natürlich, könnte man das schon „Ego" nennen.

Ich persönlich sehe keinen Grund dazu, warum diese Art von Personifizierung hinderlich sein könnte…außer…man reduziert sich darauf.

Wir sollten unterscheiden, ob diese „ich bin- Beschreibungen" unserer Entwicklung dienen, oder unsere Entwicklung hemmen.
Wenn Du Dich damit auf eine bestimmte Rolle reduzierst, oder durch das Glauben an diese Rolle meinst die Rolle zu SEIN, wirst es Dir schwer fallen Dich als selbstwirksam zu erleben.

Wenn Du also sagst: „Ich bin eine Frau" und Du gerne eine Frau bist und als Frau leben möchtest, wird diese Kategorisierung Deiner positiven Weiterentwicklung nicht schaden. Wenn Du jedoch sagst: „Ich bin ein Opfer", begrenzt Du Deine Spielfigur auf diese Rolle. Ist diese Selbstbeschreibung integriert, wirst Du Dein Leben aus dieser Rolle heraus erleben. Du wirst Dich also immer wieder als Opfer erleben und in Situationen und Umstände kommen, in denen Du immer die Rolle des Opfers spielen kannst.

Durch diese Erkenntnisse und das Entdecken meiner Rollen, konnte ich die Rolle der „Dualseele" oder „Zwillingsseele" ablegen.
Ich verstand, dass sie mir nicht mehr dienen und sie mich in einem Spielverlauf hielten, in dem ich weiter auf die Liebe warten muss. Jede Rolle, mit der wir uns identifizieren, enthält positive als auch negative Inhalte. In der Rolle der Dualseele kann man sich herrlich reflektieren und selbst erkennen, aber eine glückliche Partnerschaft findet man nicht. Dieses Konzept (oder Kollektiv) beinhält das gar nicht.

Fühlst Du Dich mit der Rolle der Dualseele oder Twinflame identifiziert?
Dann trägst Du automatisch alle Inhalte dieser Rolle, mit allen Konsequenzen, Vor-und Nachteilen.

Da ich die Liebe leben wollte, konnte ich Amado endgültig sein lassen und verließ die Dualseelenbühne endgültig.

Der Vorhang dieser Bühne fiel zu und ich war dankbar für all das, was ich in dieser Rolle lernen konnte.

Amado wird immer still in meinem Herzen bleiben, seine mutige Seele werde ich immer lieben, ganz gleich wo oder wie er als Mensch ist.

Das bewusste und das unbewusste ICH

Wir haben bewusste als auch unbewusste Rollen. Wir leben auch die Drehbücher unserer unbewussten Rollen.

Rollen, die Du vor allem als Kind abgespeichert hast und die Dir vielleicht gänzlich unbekannt sind. Das liegt daran, dass diese Rollen zu einer Zeit erschaffen wurden, als unser Gehirn noch nicht so ausgereift war.

Wenn wir geboren werden ist unser Gehirn noch nicht vollständig entwickelt. Wir haben noch keinen kognitiven Verstand und nehmen die Welt vor allem über unsere Körperwahrnehmungen und basalen Gefühle war.

Bereits nach der Geburt (oder schon früher) kennen wir Wut, Angst, Schmerz, Trauer und Freude. Wir können diese Gefühle zwar nicht benennen noch zuordnen, jedoch wahrnehmen. Diese basalen Emotionen brauchen wir und sie schützen uns. Könnten wir keine Angst wahrnehmen, würden wir uns übernehmen. So sind diese Gefühle Grundprogramme auf unserer Festplatte.

Später kommen weitere Programme hinzu, indem man uns entweder sagt, wie oder was wir sind, oder weil wir in Situationen kommen, in denen wir uns in einer positiv oder negativ Rolle erleben.

Ich gebe Dir dazu ein einfaches Beispiel:

Jedes Kind hat grundsätzlich das angeborene Bedürfnis nach Nähe. Bekommt es dieses Bedürfnis als Kind nicht erfüllt, zum Beispiel weil die Mutter emotionale Nähe nicht geben kann, entwickelt sich beim Kind zum Beispiel ein Programm, welches besagt: „Beziehung ist emotionslos". Da das Kind in diesem Umfeld heranwächst, vergisst es irgendwann, dass es das Bedürfnis nach emotionaler Nähe hat. Die „Spielfigur" wird somit zu einem Wesen, was emotionale Nähe nicht kennt, noch möchte. Das angeborene Bedürfnis nach dieser Nähe bleibt jedoch bestehen.

So findet man dann erwachsene Menschen, die sich einerseits tiefe Nähe mit einem Zweiten wünschen, jedoch eine Prägung haben, die damit ein großes Problem hat.
Gibt es im Kindesalter viele Bedürfnisse, die nicht gestillt wurden, entwickelt die heranwachsende Persönlichkeit eine Verzerrung oder Störung.

Dann lernst Du vielleicht Menschen kennen, die sagen, dass sie Dich lieben und wirklich glauben, dass sie das so tun. Aber eigentlich kennen sie den Zustand der Liebe gar nicht, weil ihnen niemand gezeigt hat, wie sich das anfühlt.
So sprechen diese Menschen vielleicht von der Liebe, meinen aber etwas ganz anderes damit.
Vielleicht fühlen sie sich durch Dich wichtiger, besser oder größer und verwechseln den Zustand der Liebe mit dem Gefühl sich wertvoller zu fühlen.

Du siehst also, diese Programme oder Rollen können Dir dienen, oder Dich auf eine bestimmte, sehr begrenzte Persönlichkeit reduzieren.

Als ich klein war studierte ich unbewusst eine Rolle ein, die mich bis vor noch gar nicht allzu langer Zeit, in einem komplizierten Muster gefangen hielt.

Ich lernte als Kind „gefallen zu wollen" und ich wurde stets sehr gelobt, wenn ich aus der Perspektive meiner Eltern etwas richtig machte. So lernte ich, dass ich sehr geliebt werde, WENN ich alles richtig mache.
„Richtig" im Sinne der Wertvorstellungen meiner Eltern, vor allem jener meiner Mutter.

Als Kind hat man, wie bereits erwähnt, nicht die Vernetzungen und kognitiven Denkmuster eines Erwachsenen. Man lernt wie der „Pawlowsche" Hund und wartet auf das Erklingen des Glöckchens.
Also wuchs ich heran mit dem Programm „Ich bin geliebt, wenn ich alles richtig mache."
Ich hatte natürlich auch andere Identifizierungen, wie zum Beispiel die Rolle der Schlauen, der Lustigen, der Starken, der Redegewandten und der Einfühlsamen.

Wenn ich schlau war, wurde mein Bedürfnis nach Anerkennung gestillt.
Wenn ich unterhaltsam war, wurde mein Bedürfnis nach Zugehörigkeit gestillt.

War ich stark war und Durchsetzungskraft zeigte, wurde mein Bedürfnis nach Autonomie gestillt.

Nahm ich Rücksicht auf Andere und war verständnisvoll und gefällig, wurde ich mit dem Bedürfnis nach Zuneigung gestillt.

Diese und viele weitere Rollen wurden mir zu eigen und sie begrenzten meine Spielfigur sowie den Spieler.

Die Verbindung zum Vater und die Rolle, die ich für ihn und die Männer in meinem bisherigen Leben spielte

Nachdem Meine „Dualseelenreise" beendet war, hatte ich kein dringliches Bedürfnis nach einer Partnerschaft. Ich mochte mein Leben, so wie es gerade war. Ich reiste viel, gab Vorträge und Seminare und war relativ erfolgreich.

Ich verdiente gut und langsam begann die Fülle in mein Leben zu fließen.

Die Fülle brachte das Gefühl der tiefen Zufriedenheit und mit ihr trat ganz unerwartet, ein Mann in mein Leben, mit dem ich mir vorstellen konnte, eine glückliche Partnerschaft zu erleben. Durch meiner intensive „Seelenpartner-Reise" mit Amado, wusste ich sehr genau, worauf es mir in einer Partnerschaft ankam. Ich wollte keine Luftschlösser mehr bauen, sondern all das Schöne und Gefühlvolle LEBEN.

Der Mann, den ich gerne „Elias" nennen möchte, wollte dasselbe wie ich, zumindest sagte er das, als wir uns kennenlernten und ich glaubte ihm.

Wir hatten anfänglich eine wunderschöne Beziehung. Wir liebten einander und wir lebten diese Liebe auch. Das Besondere an diesem Mann war, er zeigte mir die Liebe auch im realen Leben.

Du fragst Dich jetzt vielleicht, was meine Partnerschaft mit Elias mit dem Titel dieses Kapitels zu tun hat.

Davon werde ich Dir in diesem letzten Kapitel erzählen.

Mein Vater, der eine ganz besondere Figur meines Lebens war, hat mir zu einer ganz speziellen Rolle verholfen. Einer Rolle, die mir als Kind, das Gefühl besonders zu sein, garantierte.

Wie ich in diesem Buch bereits geschrieben habe, fühlte ich mich neben meinem Vater wie eine kleine Prinzessin. In den kurzen acht Jahren, in denen ich ihn erlebte, habe ich ihn nur positiv wahrgenommen. Er war ein Gott für mich und ich übertreibe nicht, wenn ich das so schreibe.

Aus der Perspektive eines Kindes, mit dem magischen Denken und der märchenhaften Sichtweise, war er das Zentrum für mich. Mein Vater war die Person meiner Kindheit, der ich maximal gerecht werden wollte.

Ich wollte ihn stets zufrieden machen und nahm es definitiv persönlich, wenn er mich in den Mittelpunkt stellte.

Wie gesagt, ein Kind hat eine sehr bescheidene kognitive Wahrnehmung und bezieht alles auf sich. Ein Kind sagt nicht: „Ah, mein Vater ist grantig, weil er heute einen anstrengenden Tag hatte." Ein Kind denkt: „Mein Vater ist grantig wegen mir, es liegt an mir."

In meinem Fall war mein Vater in meiner Erinnerung nie grantig. Er war weise, besonnen, allmächtig und jene Person der Familie, der ich folgen wollte.

Wie der kleine Welpe, der die Gunst des Leitwolfes braucht, um sich dazugehörig zu fühlen.

Er schmückte sich mit mir, seinem ganzen Stolz und präsentierte mich, das kluge und besondere Mädchen. Mir gefiel das, denn ich fühlte mich total geliebt.

Dies hatte zur Folge, dass ich eine wundersame Rolle kreierte, nämlich die Rolle des Mädchens, was immer gefallen möchte.

Heute bin ich mir sicher, dass wäre mein Vater nicht so früh verstorben, ich heute eine ganz andere Persönlichkeit hätte.

Die Rolle, die ich dann mit der Beziehung zu meiner Mutter, in einer etwas anderen Form lebte, denn auch ihr wollte ich stets alles recht machen, bediente ich in fast allen meiner bisherigen Partnerschaften.

Weil meine Rolle, der gefallen Wollenden so gut integriert war, sie sozusagen zu meiner Persönlichkeitsstruktur gehörte, brauchte ich, um diese Rolle weiterhin bedienen zu können, stets Partner, denen ich gefallen musste.

So zog ich mit Elias einen Mann an, der mich anfänglich glorifizierte, um mich dann nach und nach abzuwerten. Die Dynamik, gefallen zu wollen, wurde in mir immer und immer wieder aktiviert. Ich fühlte mich immer weniger meiner selbst wegen geliebt und trotz all meiner Bemühungen, „besser" zu werden, um doch noch ein wenig Liebe zu bekommen, wurde mir die Zuneigung weiter entzogen.

Elias war Meister darin, mir das besonders eindringlich zu zeigen und es dauerte fünf Jahre, bis ich dieses Muster erkennen, durchschauen, verstehen und verändern konnte. Ich verstand, dass Liebe nicht jeder Mensch gleich versteht und dieser Mann nicht mich liebte, sondern irgendetwas anderes.
So beendete ich diese fünfjährige Partnerschaft, die mich lehrte zu mir und zu meinem Selbst zu stehen.
Das war sehr schwer für mich, denn ich liebte Elias. Doch wie er in den Jahren zu mir war, das liebte ich nicht.
Ich lernte ein weiteres Mal, dass ich vor allem MIR gefallen muss und der für mich passende Mann mich liebt, so wie ich bin.

Natürlich werde ich immer den Selbstanspruch haben gefallen zu wollen, denn in seiner gesunden Form ist so ein Muster sehr förderlich, um sich weiterzuentwickeln. In seiner ungesunden Form jedoch, hält dieses Muster einem in ewiger Unzufriedenheit, da man es nie jemanden recht machen kann und auch nicht recht machen darf.

Elias hat mir das wunderbar aufzeigen können, denn nichts was ich tat, war, sagte, dachte, fühlte oder glaubte war je absolut gut oder richtig. Egal wie ich war, war ich falsch, oder anders gesagt, auch wenn ich richtig war, war ich es doch nicht. Ich suchte die Schuld immer bei mir, die einzige Möglichkeit meine Hilflosigkeit nicht fühlen zu müssen. Ich änderte mich und reflektierte und integrierte und erweiterte mein Bewusstsein, bis ich kurz vor Ende unserer Beziehung gar nicht mehr wusste, wer ich eigentlich war.
Gott sei Dank konnte ich das Spiel rechtzeitig erkennen und nach all dem mich selbst in Frage stellen, die Rolle ablegen.
Das Ablege dieser kindlichen Rolle kostete mich meine Partnerschaft und schenkte mir mehr von meinem wahren Selbst.

Fazit

Rückblickend gesehen waren all diese Herausforderungen, Verletzungen, Rückschläge und Enttäuschungen von großem Wert.
Denn jedes Gegenüber, hat mir immer nur MICH gezeigt, bzw. die Rolle, die ich unbewusst meinte zu sein.

Ich habe noch etliche Rollen und Identifikationen und weiß, dass die Reise noch nicht zu Ende ist.
Doch weiß ich heute auch, dass es niemals um einen anderen Menschen ging, oder um das Ziel einer glücklichen Partnerschaft.

In all den Jahrzehnten konnte ich mir meiner selbst bewusster werden und all die Konzepte, von Dualseele, Zwillingsflamme oder Seelenpartner, haben mir geholfen, um diesen Weg zu gehen.
Gezogen wurde ich von meinem tiefen Wunsch, die Liebe zu finden und wenn ich so nachspüre, glaube ich sie gefunden zu haben.

Allerdings da, wo ich sie aktiv nie gesucht habe.

Heute verstehe ich, dass es ein Bewusstwerdungsprozess ist. Eine Reise, auf der man durch Tiefen geht, sich in Frage stellt, sich verliert und schlussendlich ganz etwas anderes findet, als man dachte.

Ich habe die große wahre Liebe gesucht und habe MICH gefunden.

Dieser anstrengende Lebensabschnitt darf sich nun wandeln und leichter werden. Ich suche keine vollendete Liebe mehr, noch einen göttlichen Seelenpartner. Nun ist die Suche nach der Erfüllung im Außen beendet.

Jetzt bin ich bereit für etwas ganz Neues.

Eine neue Reise beginnt und ich freue mich schon auf das, was mich erwartet.
Eines weiß ich:

Ich werde immer nur meiner Liebe begegnen und dazu bin ich absolut bereit!

Und Du, Du mutige Seele?
Bist Du auch bereit für die Liebe?

Deine Stefanie Laura'Adjana

Danksagung

Ich widme dieses Buch all jenen Menschen, die mich in meiner persönlichen Weiterentwicklung unterstützt haben, sowie allen Personen, die mich bewusst begleitet haben.
Mein großer Dank gilt meinem nahen Umfeld. Meiner Herkunftsfamilie, meinen Kindern, meinen ehemaligen Partnern, meinen FreundInnen, LehrerInnen und MentorInnen. Danke an jenen Mann, der auf dieser „Reise" die Rolle der Dualseele übernommen hat und dem liebevollen „Endgegner", der mich dahin gebracht hat, wo ich jetzt bin.

Ihr alle habt mir direkt oder indirekt dabei geholfen, ehrlicher, authentischer und wahrhaftiger zu werden. In meiner Welt seid ihr alle mutige Seelen!

Danke!

Die Reise geht weiter, ich freue mich darauf!

An'Anasha
Eure Stefanie Laura'Adjana

Printed by Books on Demand GmbH, Norderstedt / Germany